Lea Ackermann
Inge Bell
Barbara Koelges

Verkauft, versklavt,
zum Sex gezwungen

Lea Ackermann
Inge Bell
Barbara Koelges

Verkauft, versklavt, zum Sex gezwungen

Das große Geschäft mit der Ware Frau

Kösel

© 2005 by Kösel-Verlag GmbH & Co., München
Printed in Germany. Alle Rechte vorbehalten
Druck und Bindung: Pustet, Regensburg
Umschlag: 2005 Werbung, München
Umschlagmotiv: Getty Images/Ches Ray Krider
ISBN 3-466-30691-4

Gedruckt auf umweltfreundlich hergestelltem Werkdruckpapier
(säurefrei und chlorfrei gebleicht)

Inhalt

Das Engagement von Solwodi 109

Lea Ackermann

Vorwort

Lea Ackermann

»Das große Geschäft mit der Ware Frau.« Das klingt ganz harmlos. Schließlich bestimmen Geschäfte jeglicher Art unseren Alltag in dieser globalisierten Welt, in der alles zur Ware degradiert wird – auch der Mensch. Doch harmlos ist das nicht. Im Gegenteil.

Der so genannte »Menschenhandel«, von dem vor allem Frauen und Kinder betroffen sind, ist ein Verbrechen, das mitten unter uns geschieht, direkt vor unseren Augen. Aber kaum jemand nimmt Notiz davon. Dabei ist es täglich in den Anzeigenteilen der Zeitungen und im Internet zu sehen, wo Frauen und oft sehr junge Mädchen aus aller Herren Länder offen zum Kauf angeboten werden. Gelegentlich berichten die Medien über Erfolge der Polizei, die bei Razzien ganze Ringe von Menschenhändlern sprengen. Aber was danach mit ihnen geschieht, erfahren wir schon nicht mehr. Das wird einfach so hingenommen. Keine Welle der Empörung geht durch die Bevölkerung, die meist hochgradig alarmiert reagiert, wenn ein Kind in Deutschland verschwindet. Oft sind in der Öffentlichkeit auch die Zusammenhänge und Hintergründe nicht klar.

Darum stellen wir in diesem Buch die Akteure und Profiteure des Menschenhandels vor. Zunächst kommen die Opfer zu Wort. Wir beschreiben ihr menschenunwürdiges Leben hier und die Situation in ihren Heimatländern. Wir richten aber auch – und das ist das ganz Neue an diesem Buch – unser Augenmerk auf die Freier. Denn sie bestimmen die Nachfrage, die das verbrecherische Angebot überhaupt erst erzeugt. Darüber hinaus zeigen wir Lösungsmöglichkeiten auf: Wie kann den Opfern geholfen werden? Wie können sie sich selber helfen? Und – besonders wichtig: Was können Sie als Leserin oder Leser tun, wenn Sie diese unerträglichen Verbrechen an Frauen und Kindern nicht länger als »harmlos« akzeptieren wollen?

Wir hoffen, mit diesem Buch einen Beitrag zum Verständnis für die Opfer und zur Aufklärung über die Täter zu leisten: Schlepper, Schleuser, Zuhälter *und* Freier.

Einleitung

Barbara Koelges

»Menschenhändlerring bei Razzia ausgehoben«, »Urteil im Menschenhandelsprozess zwei Jahre auf Bewährung«, »Europas goldenes Tor zur Hölle«, »Verfahren in der Affäre um Kölner Bordellbesitzer eingestellt« ...

Woran denken Sie, wenn Sie solche Schlagzeilen lesen? Welche Bilder fallen Ihnen ein?

Ich sehe Julia vor mir, als ich sie zum ersten Mal traf. Wir sitzen auf dem Polizeirevier. Die junge Frau mir gegenüber, eher noch ein Mädchen. Sie raucht hastig und wirkt sehr nervös. Der Polizei wollte sie nichts erzählen, aber zu mir scheint sie Vertrauen gefasst zu haben.

17 Jahre ist sie alt und sie stammt aus Weißrussland. Ein Freund, dem sie in der Disco begegnet war und den sie nun schon einige Monate kannte, bot ihr Arbeit in Deutschland »als Putzhilfe oder Haushaltshilfe« an. Kann man so gutgläubig, ja naiv sein? Hat sie noch nie etwas von den Frauen gehört, die nach Deutschland in die Prostitution gehandelt werden? Doch sicher, ja, aber sie hat Peter vertraut, da er ja ein Freund von ihr war. Außerdem war ihre Nachbarin schon ein paar Mal für einige Monate in Deutschland. Seitdem ist sie

immer gut gekleidet und geschminkt. Sie hat sich vor kurzem sogar neue Möbel gekauft. »Wer nicht wagt, kann nicht gewinnen«, hat diese Nachbarin zu Julia gesagt. In Weißrussland hatte sie keine Aussicht auf einen Arbeitsplatz, obwohl sie eine Ausbildung zur technischen Zeichnerin abgeschlossen hatte.

Julia hat den Weg in ein fremdes Land gewagt, aber sie hat nichts gewonnen, sondern alles verloren: ihr Selbstvertrauen, ihre Lebensfreude, ihre seelische Unversehrtheit. Abgehackt erzählt sie Ausschnitte aus ihrem Aufenthalt in Deutschland. Skizzenhaft setzt sich für mich mit der Zeit ein Bild zusammen:

Nach der Ankunft in Deutschland brachten Landsleute, angeblich Freunde von Peter, sie sofort in ein Bordell. Dort wurde ihr gesagt, sie habe keine Alternative zur Arbeit in der Prostitution, da sie illegal in Deutschland sei und wegen der Reisekosten und der Papiere Schulden beim Bordellbesitzer habe. Julia wusste sich nicht zu helfen und sah keinen anderen Ausweg als zu tun, was von ihr erwartet wurde. In der folgenden Zeit hatte sie jede Nacht neun bis zehn Freier, manchmal kamen sie zu zweit. Sie wurde zu oralem Sex und zu Analverkehr gezwungen. Sie berichtet von den Schlägen des Bordellbesitzers. Wenn sie sich weigerte, weil sie zu erschöpft oder zu angewidert war, machte er sie auf diese Weise gefügig. Sie sah keine Chance, das Bordell zu verlassen, bis es endlich eine Polizei-Razzia im Bordell gab.

Das Erste, was sie von den Polizeibeamten hörte, war, dass sie sich strafbar gemacht habe, da sie kein Aufenthaltsrecht und keine Arbeitserlaubnis für Deutschland besitze. Es ist kein Wunder, dass sie so verängstigt und misstrauisch ist.

Auf Grund unseres langen Gespräches kam Julia zur Frauenfachberatungsstelle Solwodi. Heute spricht sie gut Deutsch und hat eine Ausbildung zur Krankenschwester begonnen. Nach Abschluss der Ausbildung möchte sie in ihr Heimatland zurück. Immer noch kommen nachts die schrecklichen Bilder aus der Zeit im Bordell in ihr hoch. Sie ist deshalb in psychotherapeutischer Behandlung. Aber die Erlebnisse haben sie nicht zerbrochen. Sie blickt zuversichtlich in die Zukunft.

Es gibt tausende Frauen wie Julia. Sie heißen Tina, Erika, Sonja und kommen aus Litauen, Polen, Tschechien, Russland, Bulgarien oder Ungarn in unser Land. Sie sind 16, 17, 18, 20, selten über 25 Jahre alt. Sie kommen hierher, um eine bessere Lebensperspektive zu haben. Was sie hier erwartet, haben sie sich so nicht vorgestellt: Sie werden geschlagen, vergewaltigt, ausgebeutet und seelisch zu Grunde gerichtet – für die Befriedigung der Freier, für die Gewinnsucht und die Profitgier der Schlepper und Zuhälter. Das Geschäft mit der »Ware Frau«, der Menschenhandel, boomt.

Was aber ist Menschenhandel? Im Strafrecht der einzelnen Länder ist festgelegt, wie der Straftatbestand Menschenhandel im jeweiligen Land juristisch definiert wird. Es existiert jedoch keine einheitliche, international anerkannte Definition von Menschenhandel. Nach dem Verständnis der IOM (International Organization of Migration) liegt Menschenhandel vor:

- wenn ein Vermittler beteiligt ist,
- Geld dabei den Besitzer wechselt,
- internationale Grenzen überschritten werden,
- die Einreise bzw. der Aufenthalt im Zielland illegal sind.

Die IOM definiert Menschenhandel als »jeglichen unerlaubten Transport von MigrantInnen und/oder Handel mit ihnen zum Zwecke eines wirtschaftlichen oder sonstigen persönlichen Vorteils«. Verbunden damit ist oft die Täuschung der

MigrantInnen über ihre Bestimmung im Zielland, die Anwendung physischer, psychischer oder sexueller Gewalt und die finanzielle Ausnutzung der MigrantInnen. Die IOM schließt in den Begriff »Menschenhandel« die Arbeit in einem »normalen« Beschäftigungsverhältnis, die Vermittlung zur Heirat und die Arbeit in der Prostitution ein. Entscheidendes Kriterium ist nicht die Art der Beschäftigung, sondern dass es sich um »Gewinn bringenden Missbrauch« der MigrantInnen handelt.

Die Definition der Vereinten Nationen beinhaltet ebenfalls nicht nur sexuelle Ausbeutung, sondern auch die Ausbeutung der Arbeitskraft.

Möglich wird Menschenhandel durch soziale, wirtschaftliche und politische Faktoren. Die miserable wirtschaftliche Situation der Länder der so genannten Zweiten und Dritten Welt wirkt sich zum Nachteil der großen Mehrheit der Bevölkerung aus. Besonders Frauen leiden unter diesen Bedingungen, da sie am stärksten von Arbeitslosigkeit, niedrigen Löhnen und Preissteigerungen für Lebensmittel betroffen sind. Auch tragen sie häufig allein die Verantwortung für die Mitglieder ihrer Herkunftsfamilie und für die Kinder. So suchen sie nach Möglichkeiten, Geld zu verdienen, und nach einer besseren Lebensperspektive. Die Versprechungen der Schlepper und Händler fallen daher auf fruchtbaren Boden. Ein Leben im reichen Westeuropa erscheint als eine erstrebenswerte Alternative zur Aussichtslosigkeit im Heimatland.

Das Geschäft mit der »Ware Frau« ist lukrativ. Nach Schätzungen der Vereinten Nationen werden in Europa jedes Jahr ca. 500 000 Frauen und Mädchen zur Prostitution gezwungen. Der Umsatz wird auf ca. zehn Milliarden Euro jährlich geschätzt.

In ihrem »Lagebild Menschenhandel 2003« zählt die Bundesrepublik Deutschland für das Jahr 2003 1235 Opfer. Jedoch schätzt das Bundeskriminalamt, dass ca. 140 000 Frauen aus Osteuropa allein in Deutschland als Prostituierte arbeiten.

Was aber sagen solche Zahlen über die Wirklichkeit aus? Gab es im Jahr 2003 nur 1 235 Menschenhandelsopfer in Deutschland?

Das »Lagebild Menschenhandel« basiert auf den Zahlen, die durch Razzien und Ermittlungsverfahren gewonnen werden. Gibt es in einem Jahr weniger Razzien, so werden auch weniger Opfer gezählt. Um zu bemerken, dass sie ein Opfer von Menschenhandel vor sich haben, müssen die Polizeibeamten bei Razzien sehr aufmerksam und für das Problem sensibilisiert sein. Die Frauen wollen oder können oft nicht über ihre Zwangslage sprechen. Viel Einfühlungsvermögen und Problembewusstsein aufseiten der Ermittlungsbeamten sind nötig, um den wirklichen Sachverhalt zu erkennen.

Daher muss man mit diesen statistischen Zahlen vorsichtig umgehen – mit den offiziellen Schätzungen ebenso wie mit den Zahlen des »Lagebildes Menschenhandel« –, sonst entsteht ein falsches, geschöntes Bild der Situation.

In der Bevölkerung und auch bei der Polizei kursiert die Vorstellung, die Frauen arbeiteten alle aus eigenem Antrieb in der Prostitution. »Die machen das ja freiwillig«, hört man oft, sogar von hohen Polizeibeamten. Eine Studie des Bundeskriminalamtes ergab, dass nur jede dritte Frau wusste oder ahnte, was sie in Deutschland erwartet, jede sechste Frau dagegen sogar mit Gewalt gekidnappt und über die Grenze geschafft wurde. Eine Analyse der Fälle von 91 Frauen, die im Jahr 2001 von Solwodi betreut wurden, ergibt ein ähnliches Bild.

Im »Lagebild Menschenhandel« werden für das Jahr 2003 421 Ermittlungsverfahren angegeben, davon 346 zum Nachteil ausländischer Opfer. Das bedeutet eine Steigerung gegenüber 2002 von 20 Prozent. Es kommt jedoch zu wenigen Verurteilungen, und selten wird vom Mittel der Gewinnabschöpfung bei den Tätern Gebrauch gemacht. In 19 Ermittlungsverfahren wurden insgesamt ca. 2,5 Millionen Euro illegale Vermögenswerte abgeschöpft. Die Gewalteinwirkung mit dem Ziel, die Opfer der Prostitution zuzuführen bzw. sie in der Prostitution zu halten, hat laut »Lagebild Menschenhandel« im letzten Jahr eine deutliche Zunahme erfahren.

Warum gibt es so wenige Verfahren und auch so wenige Verurteilungen? Menschenhandel ist ein Teil der so genannten »Organisierten Kriminalität«. Organisierte Kriminalität umfasst Drogenhandel, Geldwäsche, Waffenhandel und Menschenhandel. Nach Zahlen der EU gibt es allein innerhalb der EU 4 000 Gruppierungen mit ca. 40 000 Mitgliedern. Im öffentlichen Bewusstsein und bei den politischen Entscheidungsträgern hat nach dem 11. September 2001 der »Krieg gegen den Terror« den Kampf gegen die Organisierte Kriminalität von der Tagesordnung verdrängt. Weniger Beamte sind mit der Ermittlung beauftragt; die öffentliche Bedeutung des Themas sinkt. Organisierte Kriminalität spielt heute in den Medien keine oder nur noch eine geringe Rolle.

Ein besonders dunkles Kapitel ist der Handel mit Heranwachsenden und Kindern. Zunehmend sind Kinder im internationalen Sexgeschäft gefragt. Die Kunden fühlen sich in Bezug auf Aids mit Kindern auf der sicheren Seite, und auch für die Täter sind Kinder oft die leichteren Opfer, da sie besonders leicht psychisch zu brechen sind und sich noch weniger wehren können als junge Frauen. Experten gehen davon aus, dass mit Kinderprostitution und Kinderpornographie weltweit jedes Jahr rund sechs Milliarden Euro umgesetzt werden. Nach der Flutkatastrophe in Südostasien tauchten in den Katastrophengebieten Agenten auf, die nach Kindern Ausschau hielten. Die internationalen Hilfsorganisationen sorgten sich sehr, dass die vielen Waisen zur leichten Beute für skrupellose Händler werden würden.

Auch ohne solche Katastrophen werden in dieser Region nach Schätzungen von Hilfsorganisationen Jahr für Jahr ca. 200 000 bis 300 000 Kinder zur Ware: zu Arbeitssklaven, Kindersoldaten oder zu Prostituierten.

Bis 1993 wurde der Missbrauch von ausländischen Kindern durch deutsche Touristen nur dann bestraft, wenn die Tat auch am Tatort strafrechtlich verfolgt wurde. Seit 1993 können die Täter auch in Deutschland vor Gericht gestellt werden. Die Ermittlung und die Strafverfolgung sind in diesen Fällen jedoch äußerst schwierig, deshalb kam es noch kaum zu Verurteilungen.

Das vorliegende Buch will sachlich informieren über das Thema Menschenhandel. Es will Problembewusstsein schaffen und Handlungsmöglichkeiten für die Politik und für jeden Einzelnen aufzeigen. Jede am Menschenhandel beteiligte bzw. mit dem Thema Menschenhandel beschäftigte Personengruppe steht in einem Teil des Buches im Mittelpunkt:
- die Opfer
- die Täter
- die Freier
- die Hilfsorganisationen am Beispiel Solwodi
- die Gesellschaft, die Öffentlichkeit.

Die Opfer

Mangelnde Ausbildung, Arbeitslosigkeit, Verantwortung für Kinder und die Familie, keine Perspektiven in der Heimat – dies sind einige der Gründe, warum junge Frauen aus Osteuropa, aber auch aus Asien und Afrika sich dafür entscheiden, im »Goldenen Westen« ihr Glück zu versuchen. Oft werden sie mit falschen Versprechungen von guten Jobs mit hohem Gehalt angeworben. In Deutschland angekommen sehen sie sich mit der harten Realität konfrontiert, und die heißt häufig Zwangsprostitution.

Was sind das für Frauen? Wo kommen sie her? Welche Schicksale haben sie hinter sich? Wie ist die Rolle der Frau in ihren Heimatländern? Was sind ihre Zukunftspläne und Visionen? Was erleben sie in unserem Land? Welche Wege gibt es für sie aus der Prostitution?

Die Täter

Von Einzelpersonen oder kleinen Gruppen über große Schlepperringe und Banden der Organisierten Kriminalität, die außer mit Frauen auch mit Drogen und Waffen handeln, bis hin zu »Beziehungstätern« reicht das Spektrum. Diese gaukeln den Frauen zunächst Verliebtheit und eine intakte Beziehung vor, um sie dann umso leichter gefügig zu machen. Erschreckend ist die oft menschenverachtende Einstellung der Täter den Frauen gegenüber.

Die Freier

Wer sind die Kunden? Die Freier sind Männer aller Gesellschafts- und Bildungsschichten, Männer von nebenan. Es drängt sich die Frage auf, was die Kunden vom Leidensweg der Frauen, die sie konsumieren, mitbekommen. Kann ein Freier heute wirklich noch ahnungslos sein? Wird das Leid der Frauen in Kauf genommen? Haben die Freier kein Mitgefühl oder denken sie gar nicht darüber nach? Braucht man(n) gerade den Kitzel, die Frauen erniedrigen zu können, ja sie wie Sklavinnen behandeln zu können? Hier besteht ein deutlicher Zusammenhang mit dem Männer- und Frauenbild in unserer Gesellschaft. Wo keine Nachfrage, ist auch kein Markt! Das menschenverachtende Konsumverhalten der Kunden ist die Grundlage für das Geschäft mit der Ware Frau.

Solwodi

Solwodi unterstützt mit seinen zehn Beratungsstellen in Rheinland-Pfalz, Niedersachsen, Nordrhein-Westfalen und Bayern Migrantinnen, die in Deutschland in Not geraten sind. Es handelt sich dabei um Frauen, die über Arbeitsmigration, Sextourismus, dubiose Heiratsvermittlungen oder als Opfer von Menschenhandel gekommen sind. Diesen Frauen bietet Solwodi allgemeine Beratung und Rückkehrhilfen für die Klientinnen, die zurück in ihr Heimatland möchten. Opfer von Gewalt erhalten psychosoziale Betreuung, Unterbringung in einer betreuten Schutzwohnung und Vermittlung von juristischer, medizinischer und therapeutischer Hilfe. Ein Schwerpunkt ist die Begleitung von Opferzeuginnen bei Gerichtsverfahren gegen die Täter.

Die Gesellschaft, die Öffentlichkeit

Wie reagieren wir persönlich auf dieses Problem? Was kann man als Einzelperson tun? Wo gibt es Hilfsmöglichkeiten und Gelegenheit, sich zu engagieren?

Die Ausbeutung von Migrantinnen wird erleichtert durch Strukturen und Traditionen von Sexismus und Rassismus. Wie gehen wir mit Migrantinnen um in unserem Land? Was für Rechte haben sie? Ermöglichen nicht gerade veraltete

Straf- und Ausländergesetze und Vorstellungen von der »Festung Europa«, die sich vor Fremden einmauert, Verbrechen wie den Menschenhandel? Welche politischen Initiativen gegen Menschenhandel gibt es auf internationaler und auf nationaler Ebene?

An die politischen Entscheidungsträger müssen Forderungen zur Verbesserung der Situation der Frauen herangetragen werden.

Die Opfer

Barbara Koelges

Frauenschicksale

Svetlana K. aus Russland erzählt

Mein Vater starb, als ich zwei Jahre alt war. Ich bin mit meinen beiden Brüdern bei meiner Mutter und meiner Großmutter aufgewachsen. Meine Mutter arbeitete als Musiklehrerin. Es war eine gute Zeit für uns alle. Bis der Tschetschenienkrieg kam ...

Mein ältester Bruder fiel in diesem Krieg. Er war gerade neunzehn Jahre alt geworden. Sein Tod zerstörte meine Mutter. Sie starrte tagelang nur vor sich hin und gab schließlich ihre Arbeit auf. Von da an lebten wir von der Rente meiner Großmutter und vom Kindergeld für meinen jüngeren Bruder. Wir bewohnten zu viert eine kleine Zweizimmerwohnung am Stadtrand von Moskau. Oft wussten wir nicht, was wir kochen sollten. Meine Großmutter kannte viele Tricks, so verdünnte sie zum Beispiel die Gemüsesuppe immer stärker mit Wasser, damit wir noch etwas Warmes zu essen hatten. Sie wusste, welche wild wachsenden Pflanzen wir zum Kochen nutzen konnten und all solche Sachen. Für uns Kinder war es eine schwere Zeit. Wir hätten so gerne mal neue Kleidung gehabt oder ein neues Spielzeug, aber dafür war kein Geld da.

In der Schule war ich gut und das Lernen machte mir großen Spaß. Ich schloss mit der Hochschulreife ab. Aber die Ausbildung in Wirtschaft und Buchhaltung habe ich nach sechs Monaten abgebrochen. Diese Fachrichtung lag mir einfach nicht. Ich habe mich überhaupt nicht wohl gefühlt. In dieser Zeit – ich war gerade 18 – habe ich im Schwimmbad Boris kennen gelernt. Er war auch Russe und wir verstanden uns auf Anhieb gut. Er war sehr offen und nett zu mir. Wir trafen uns hin und wieder zum Schwimmen oder Tanzen. Als wir uns gerade etwa drei Monate kannten, bot er an, mir in Deutschland einen Job als Haushaltshilfe zu besorgen. Er kam oft auf Dienstreisen dorthin, kannte viele Leute und hatte gute Kontakte. Für mich war das in dieser unklaren Phase ohne Arbeit und ohne Ausbildungsplatz eine gute Perspektive. Also begleitete ich ihn auf seiner nächsten Dienstreise. Wir reisten über Polen nach Deutschland.

Ich hatte großes Vertrauen zu ihm. Daher war ich überhaupt nicht auf das gefasst, was mich dann in Deutschland erwartete.

In Frankfurt wurden wir von einer Frau und zwei Männern abgeholt. Gemeinsam verbrachten wir zwei Tage bei ihnen in der Wohnung. Boris sagte dann, er müsse weg, er hätte ein gebrauchtes Auto von diesen Bekannten zum Verkaufen erhalten. Ich sollte als »Pfand« dort bleiben. Er käme mich in den nächsten Tagen holen. Nach fünf Tagen war er immer noch nicht zurück. Die Frau brachte mich in eine andere Stadt in ein Lokal. Ich dachte, ich könnte dort als Putzfrau arbeiten. Zwei Männer nahmen mich in Empfang. Nachdem die Frau gegangen war, sagten sie, sie hätten für mich bezahlt und ich sollte für sie als Prostituierte arbeiten. Ich war entsetzt und sagte, ich würde das nicht tun. Da sperrten sie mich in einen Kühlraum im Keller. Es war kalt, dunkel und eng dort drin – ich hatte das Gefühl zu ersticken. Sie sagten: »Wir begraben dich lebendig, wenn du nicht das machst, was wir wollen!« Was macht man da? Was hättest du gemacht?

In der zweiten Nacht in diesem Haus kamen zwei Russen auf mein Zimmer. »Wir haben für dich bezahlt, wir dürfen mit dir die ganze Nacht machen, was wir wollen.« Von drei Uhr nachts bis sieben Uhr morgens blieben sie. Für mich war das die schlimmste Nacht meines Lebens. Ich hatte wohl schon Sex gehabt, aber nicht mit fremden Männern oder sogar mit zwei Männern gleichzeitig und schon gar nicht so, dass mir ein Mann absichtlich wehtat und mich quälte. Das taten die beiden aber und ich hatte das Gefühl, wenn ich weinte, machte es ihnen umso mehr Spaß.

In der nächsten Zeit waren es täglich sechs bis acht Freier, die ich bedienen musste. Dienstags hatte ich »frei«. Das hieß, ich musste das Haus putzen. Nicht nur die Freier kamen, die beiden Männer, denen das Lokal gehörte, kamen hin und wieder auch zu mir, wenn ich gerade keine Kunden hatte. Sie machten mir klar, dass sie sich als meine Eigentümer fühlten.

Einmal war ich in der nächsten Stadt zum Einkaufen und kam später, als sie erwartet hatten. Sie sperrten mich zur Strafe wieder in diesen Kühlraum. Ich dachte, ich käme da nicht mehr lebend heraus.

Nach zwei Monaten Aufenthalt wurde festgestellt, dass ich schwanger war. Ich musste trotzdem weiter arbeiten. Als man mir die Schwangerschaft deutlich ansah, gab mir der eine Mann meinen Pass und ich wurde aus dem Haus gejagt. Ein Kunde, der häufig zu mir kam und mit der Zeit so wie ein Freund für mich geworden war, besorgte mir ein Hotelzimmer. Abtreiben wollte ich nicht, aber ich hatte keine Möglichkeit, das Kind zu ernähren. Außerdem waren meine Gefühle für dieses Kind schwierig und sehr widersprüchlich. Sein Vater musste ein Kunde oder einer meiner Peiniger sein. Wer es war, wusste ich nicht. Nach einer langen Bedenkzeit und vielen Beratungsgesprächen habe ich mich entschlossen, das Kind zur Adoption freizugeben.

Heute bin ich wieder schwanger und freue mich auf das Kind. Der Vater ist mein türkischer Freund. Wir suchen gerade zusammen eine Wohnung. Ich mache einen Deutschkurs, will die Schule besuchen und in Deutschland bleiben.

Aber es war ein langer Weg bis hierhin. Nachdem ich das Bordell verlassen hatte, gab mir mein Freund die Adresse der Beratungsstelle Solwodi. Ohne die Mitarbeiterin dieser Beratungsstelle, die mich psychisch aufbaute und mir half, meine Erlebnisse aufzuarbeiten, hätte ich die Zeit bis zur Geburt meines Kindes nicht überstanden. Es war so viel zu erledigen, und ich wusste ja überhaupt nicht, wo und wie ich meine Probleme klären konnte. Wo sollte ich wohnen? Woher sollte ich das Geld zum Leben bekommen?

Zunächst brachte mich meine Beraterin in einem Frauenhaus von Solwodi unter. Dort konnte ich zur Ruhe kommen und bis zur Geburt meines Kindes bleiben. Sie half mir auch durch die schwere Zeit des Prozesses. Ich hatte mich bereit erklärt, als Zeugin gegen die Bordellbesitzer auszusagen. Aber kurz vor der Verhandlung kamen die Erlebnisse und die Ängste wieder hoch. Keine Nacht konnte ich richtig schlafen. Ich wollte nicht in den Gerichtssaal, wollte die Männer nie mehr sehen! Schließlich habe ich es doch geschafft, meine Aussage gegen die beiden zu machen und ich bin stolz darauf.

Als Zeugin hatte ich bis zum Prozessende eine Duldung

und konnte in Deutschland bleiben. Solwodi half mir, dass die Aufenthaltsbewilligung für die Dauer des Schulbesuchs verlängert wurde. Mein Freund und ich haben vor zu heiraten, wenn unser Kind da ist.

Tatjana F. aus Litauen erzählt

Ich hatte eine schöne, harmonische Kindheit. Wir waren vier Geschwister und verstanden uns gut. Meine Eltern arbeiteten beide als Lehrer am Gymnasium in meiner Heimatstadt. Nach der Hochschulreife studierte ich Sprachen in Vilnius. 1996, als ich mein Studium abgeschlossen hatte, ging ich für ein Jahr zum Sprachenlernen nach Schweden. Mir hat das gefallen, ins Ausland zu gehen, um neue Menschen und eine andere Kultur kennen zu lernen. Ich traf dort auch meine Freundin Lara, die wie ich aus Litauen stammte und zum Studium in Schweden war. Nach unserer Heimkehr nach Litauen blieben wir in Kontakt. Uns beiden fiel es schwer, uns einzuleben und uns an den Alltag zu Hause zu gewöhnen. Wir wollten unbedingt wieder ins Ausland.

Eines Tages entdeckte ich eine Zeitungsannonce, in der Jobvermittlung nach Deutschland angeboten wurde. Es war nur eine Telefonnummer angegeben, aber das erste Telefongespräch verlief gut. Ich vereinbarte mit dem Mann, Vaselis hieß er, einen Termin für ein Treffen.

Bei diesem ersten Treffen machte Vaselis einen sehr soliden, professionellen Eindruck auf mich. Er erklärte mir, ich solle in einem Lokal in Deutschland Kunden zum Trinken animieren und könnte damit gutes Geld verdienen. Mir schien das realistisch und ich stellte mir vor, dass ich tagsüber noch Zeit hätte, Deutschkurse zu besuchen. Ich wollte meine

Fremdsprachenkenntnisse unbedingt erweitern. Also gab ich ihm meinen Pass, damit er ein Visum für mich besorgen konnte. Meiner Freundin erzählte ich von meinen Zukunftsplänen. Sie nahm auch Kontakt zu Vaselis auf, denn nach einem längeren Gespräch hatten wir beschlossen, zusammen nach Deutschland zu gehen. Vier Wochen später rief Vaselis an und sagte, die Visa wären da.

Wir bekamen Touristenvisa von ihm und reisten mit dem Zug nach Deutschland. In Berlin erwartete uns ein Landsmann, Boris. Er stellte sich uns als ein Mitarbeiter der Agentur von Vaselis vor. Zunächst war alles ganz problemlos. Boris sammelte unsere Pässe ein und erklärte uns, er würde uns direkt in das Lokal bringen, in dem wir arbeiten sollten. Aber wir hätten am ersten Abend noch frei und sollten erst einmal schlafen und uns ausruhen. Am nächsten Tag könnten wir dann mit der Arbeit beginnen. Wir betraten das Haus durch den Hintereingang und wurden nach einer kurzen Begrüßung durch den Clubbesitzer von seiner Freundin direkt auf unsere Zimmer geführt. Wohl wunderte ich mich über das Türenklappern und die Geräusche in den Nachbarzimmern, aber ich war so erschöpft von der Fahrt, dass ich schnell und ohne böse Vorahnungen einschlief.

Am nächsten Tag gab es das sprichwörtliche »böse Erwachen«. Jeannette, die Frau, die uns unsere Zimmer gezeigt hatte, wollte uns in unsere Arbeit einweisen. Nach ein paar Sätzen wurde Lara und mir klar, dass es hier um mehr ging, als um Getränkeanimation, nämlich um Prostitution. Wir erklärten, das sei so nicht abgemacht, wir wollten so nicht arbeiten. Jeannette zeigte uns eine Frau in der Ecke mit Blutergüssen im Gesicht. »Die wollte auch nicht arbeiten, der Chef ist da nicht sehr feinfühlig. Er hat schließlich eine Menge Geld für euch bezahlt. Das müsst ihr erst abarbeiten, dann dürft ihr gehen, wohin ihr wollt. Ohne uns kommt ihr sowieso nicht weit, denn wir haben eure Pässe und Geldbeutel.«

Sie ließ uns allein und wir überlegten fieberhaft, was wir tun könnten. Nach einer Weile waren wir uns einig, dass es am vernünftigsten wäre, zunächst zu arbeiten, wie sie wollten, und dann zu sehen, wie wir so schnell wie möglich heil aus dieser Situation wieder herauskommen könnten.

Zu der nächsten Zeit möchte ich nicht viel sagen. Ich versuche sie zu vergessen, so gut es geht.

Wir waren ungefähr acht Monate in dem Lokal, da gab es eine Razzia im Bordell. Lara, ich und drei weitere Frauen aus Russland und Lettland wurden im Polizeiauto mitgenommen. Wir waren in der ganzen Zeit nie aus dem Bordell herausgekommen. Ich hatte also acht Monate kein Tageslicht gesehen. Kannst du dir vorstellen, was das bedeutet? Wie ich mich gefühlt habe, als ich aus dem Autofenster die beleuchteten Straßen sah?

Auf dem Polizeirevier bot eine Kripobeamtin uns Zigaretten an und versuchte, mit uns ins Gespräch zu kommen. Ich konnte schon ein paar Brocken Deutsch und hatte das Gefühl, dass sie uns irgendwie helfen wollte. Sie fragte, wie es uns im Bordell gegangen war, ob wir das machen wollten, die Arbeit mit den Freiern. In dem Gespräch sagte sie auch, es gebe eine Stelle, die uns helfen könnte. Sie vermittelte uns an Solwodi. Die Solwodi-Beraterin erklärte uns geduldig, wie wichtig unsere Aussage im Prozess gegen den Bordellbetreiber sei. Lara und ich waren schließlich beide zur Aussage bereit. Daher wurden wir nicht abgeschoben. In der nächsten Zeit half uns die Beraterin, einen Platz in einem Deutschkurs und eine billige Unterkunft zu finden.

Der letzte Prozesstermin war vor etwa acht Wochen. Unsere Aussage führte dazu, dass der Bordellbetreiber und der

Schlepper verurteilt wurden. In zwei Wochen haben wir beide die Abschlussprüfung des Deutschkurses. Zurzeit planen wir unsere Ausreise und die Rückkehr nach Litauen. Wir wollen beide zu unseren Familien zurück. Mit dem Abschlusszertifikat für Deutsch haben wir bessere Chancen auf einen Arbeitsplatz. Die Solwodi-Beraterin hilft uns auch bei der Jobsuche zu Hause, denn Solwodi hat Kontakte zu Hilfsorganisationen in Litauen.

Margerita L. aus Bulgarien erzählt

Nachdem mein Vater sie verlassen hatte, hat meine Mutter mich und meine ältere Schwester alleine aufgezogen. Es war wohl zu viel für sie, denn sie war ständig überarbeitet, schlecht gelaunt und sehr streng zu uns. Wenn ich an meine Kindheit denke, habe ich nicht viele schöne Erinnerungen. Seit ich fünf Jahre alt war, habe ich Hochleistungssport im Verein gemacht – Gymnastik. Am Anfang hat das Spaß gemacht, die Wettkämpfe, die Preise und so. Aber als ich älter wurde, bekam ich körperliche Probleme, denn das Training war sehr anstrengend. Meine Mutter und mein Trainer zwangen mich, weiterzumachen. Es gab häufig Schläge, wenn ich nicht genug trainierte oder wenn meine Leistungen nicht so gut waren, wie die beiden erwarteten. In der Schule kam ich nur schlecht mit, weil ich nachmittags immer trainieren musste. Ich hatte auch keine richtige Freundin, denn ich hatte ja nie genug Zeit für solche Kontakte.

Meine ältere Schwester hat früh geheiratet und mit ihrem Mann bei uns gewohnt. Als ich 14 Jahre alt war, hat mich mein Schwager vergewaltigt. Er hat vor unserem Haus gewartet, bis ich abends vom Training kam. Bis dahin kam ich gut mit ihm klar. Er war ein bisschen wie ein Vater und ein bisschen wie ein großer Bruder zu mir. Mit ihm konnte ich auch darüber reden, dass der Sport inzwischen nur noch eine Qual für mich war. Ich hätte nie gedacht, dass er mir so etwas antut. Er war so eklig an dem Abend und es hat mir wehgetan.

Die Schule habe ich kurz danach abgebrochen und für meinen Schwager auf der Straße Zigaretten verkauft. Einen kleinen Teil des Geldes durfte ich behalten. Wenn meine Schwester nicht da war, ist er zu mir gekommen und wollte mit mir schlafen. Ich habe aus Angst nichts gesagt. Irgendwie war ich abhängig von ihm – unsere ganze Familie war abhängig von ihm.

Mit 16 kam ich zum ersten Mal nach Deutschland. Mein Schwager hat mich mit dem Auto nach Deutschland gebracht und bei einem Bordellbesitzer abgegeben, den er kannte. Er hat gesagt, so kann man mehr verdienen als mit Zigaretten. Ich hab mich nicht mal groß gewehrt. Mir war irgendwie alles egal in dieser Zeit, so schlecht ging es mir.

Ich war in verschiedenen Städten im Ruhrgebiet. Zweimal bin ich nach Razzien wieder nach Bulgarien abgeschoben worden. Nach ein paar Wochen zu Hause hat mein Schwager mich immer wieder nach Deutschland gebracht. Er hatte dort viele Bekannte, denn ich kam immer in neue Bordelle zu neuen Zuhältern. Es war ein ewiger Kreislauf aus Abgeschoben- und Eingeschleust-Werden. Meiner Mutter und meiner Schwester erzählte er, er hätte gute Arbeit für mich in Deutschland gefunden. Ich hatte nie den Mut, ihnen die Wahrheit zu sagen. Und mein Verhältnis zu beiden war auch nicht so gut, dass ich mich ihnen anvertraut oder von ihnen Hilfe erwartet hätte. Sie hätten höchstens gesagt: »Du bist selbst schuld.«

Ich konnte frei wohnen und essen in den Bordellen. Für Kosmetik und ab und zu neue Kleider gab es eine Art Taschengeld. Der Verdienst ist mir vom jeweiligen Zuhälter aber komplett abgenommen worden. Er und mein Schwager haben ihn wohl unter sich geteilt.

Wie es kam, dass ich aus der Prostitution ausgestiegen bin? Ein Barbesucher kam häufiger zu mir. Er hat mich gefragt, warum ich das mache, ob ich das machen will. Ich habe ihm nach und nach meine ganze Lebensgeschichte erzählt. Mit der Zeit wurden wir richtige Freunde und ich bin raus aus dem Bordell und zu ihm. Wir waren in diesem Bordell nicht total eingesperrt. Einmal in der Woche konnten wir Mädchen einkaufen gehen in die Stadt oder ins Kino. Mein Freund hat mich dann in ein Frauenhaus gebracht. Durch dieses Frauenhaus bekam ich Kontakt zu Solwodi.

Jetzt versuche ich, in Deutschland den Hauptschulabschluss zu machen. Ich habe ja keine abgeschlossene Schulbildung. Zu meiner Familie will ich nie mehr zurück! Ich hoffe, dass ich in Deutschland bleiben und hier eine Berufsausbildung machen kann, denn ich möchte lernen, auf eigenen Füßen zu stehen.

Agatha P. aus Benin erzählt

Ich habe meinen Mann kennen gelernt, als er Urlaub in Benin gemacht hat. Er war damals viel im Ausland unterwegs. Wir lernten uns zufällig in einer Bar kennen. Er lud mich zu einem Ausflug mit einem Jeep ein; ich sollte ihm mein Heimatland zeigen. Wir verbrachten die restlichen Tage seines Urlaubs gemeinsam und hielten über ein ganzes Jahr telefonisch und brieflich Kontakt. Ein Jahr später kam er wieder und in diesem Urlaub fragte er mich, ob ich ihn heiraten wolle. Da ich ihn sehr mochte und er auch meine kleine Tochter Mary akzeptierte, die gerade sechs Monate alt war, als wir uns kennen lernten, sagte ich ja. Ein paar Monate später haben wir in meiner Heimat geheiratet.

Ein halbes Jahr später bin ich dann zu ihm nach Deutschland gezogen. Erich sagte immer, er habe ein Unternehmen in Deutschland. Hier erst habe ich erfahren, dass er zwei Bordelle besaß. Zunächst war ich schockiert, aber er sagte mir, er würde damit viel Geld für mich und die Kinder verdienen. Ich erwartete zu der Zeit ein Kind von ihm. Nach und nach habe ich mich an den Gedanken gewöhnt und seinen Beruf akzeptiert. Bis zur Geburt unserer gemeinsamen Tochter Danae war unser Zusammenleben harmonisch. Als sie knapp sechs Monate alt war, bat mich Erich, im Bordell auszuhelfen. Er sagte, ich solle nur als Empfangsdame arbeiten, den Kunden die Mädchen zuweisen und abkassieren. Erst weigerte ich mich, aber er sagte immer wieder, es sei unser gemeinsames Geld, er verdiene es für mich und die Kinder. Also willigte ich nach einer Woche Bedenkzeit ein und arbeitete von da an dreimal in der Woche abends am Empfang. So schlimm, wie ich mir das anfangs vorgestellt hatte, fand ich es dann gar nicht. Die Kunden waren ja eigentlich doch ganz normale Männer. Sie benahmen sich in der Regel zivilisiert und ruhig mir gegenüber.

Nach ungefähr acht Wochen kam abends ein Fotograf in den Club. Mein Mann sagte mir, ich solle mit ihm ins Hinterzimmer gehen. Er wolle Nacktaufnahmen von mir machen und ins Internet stellen. Ich habe das erst für einen Scherz gehalten, aber er wurde ärgerlich, als ich mich weigerte. Trotzdem habe ich an diesem Abend nicht nachgegeben. Der Fotograf hat die Mädchen, die im Club arbeiteten, alle nackt abgelichtet, aber mich nicht.

Danach wurde zwischen meinem Mann und mir alles ganz anders. Er kam immer öfter betrunken nach Hause und wurde irgendwie ein anderer Mensch. So kannte ich ihn bis dahin gar nicht. Er behauptete, ich sei faul und führe den Haushalt nicht richtig. Bei Streitigkeiten bedrohte er mich mehrmals mit dem Messer und fesselte mich stundenlang an die Heizung, wenn er meinte, ich sei frech zu ihm. Einmal sah er mich am Telefon in einem Gespräch mit meiner Schwester in Benin. Er riss wutentbrannt das Kabel aus der Wand und begann, mich mit dem Kabel zu schlagen. Die Kinder bekamen diese schrecklichen Momente, unsere Streitigkeiten, mein Weinen und meine Verletzungen häufig mit. Er nahm keine Rücksicht darauf, wie unsere Streitereien und seine Gewalttätigkeiten auf sie wirkten.

Richtig schlimm wurde es, als ich mit meinem dritten Kind schwanger war. Mein Mann war eifersüchtig und behauptete, das Kind sei nicht von ihm. In einer Nacht trat er mich so heftig in den Unterleib, dass ich Blutungen bekam. Ich musste ins Krankenhaus und erlitt dort eine Fehlgeburt.

Das alles brachte mich nicht dazu, an Trennung zu denken, denn ich liebte ihn immer noch. Und ich war fremd in Deutschland. Ich wusste nicht, wie ich völlig auf mich allein gestellt meine Töchter ernähren sollte. Für mich kam es nach all den Jahren auch nicht in Frage, nach Hause zurückzukehren. Meine Mädchen kannten Benin überhaupt nicht. Sie hätten sich dort nie mehr richtig eingelebt.

An dem Tag jedoch, an dem er mich zwingen wollte, im Bordell als Prostituierte zu arbeiten, war mir klar, dass ich gehen musste. Er sagte, die Zeiten seien schlecht, er hätte nicht genug Mädchen, die Mädchen würden nicht genug Geld bringen. Die Kunden, die mich am Empfang gesehen hätten, würden nach mir fragen, sie wollten alle mich. Schwarze seien gefragt bei deutschen Männern. Als ich »Nein« sagte und ihn beschwor, ich sei doch seine Frau und wir hätten eine gemeinsame Tochter, schlug er mich hart. Am nächsten Tag begann ich unsere Sachen zu packen. Ich ging mit den Kindern zunächst in das Frauenhaus in unserer Stadt. Die Beraterin im Frauenhaus stellte den Kontakt zu Solwodi her.

Solwodi half mir durch die Scheidung und bei der Anzeige gegen meinen Mann. Bei der Scheidung verzichtete mein Mann auf das Sorgerecht, wollte die Kinder aber regelmäßig sehen. Ich war dagegen und kann heute noch nicht verstehen, warum er trotz der Geschichte unserer Ehe, trotz der Misshandlungen, die ja aktenkundig waren, das Besuchsrecht erhielt.

Die Beraterin von Solwodi riet mir auch zu einer psychotherapeutischen Behandlung und vermittelte mir eine Therapeutin. Die Kosten wurden von Solwodi übernommen. Diese Therapie hatte ich in der Zeit nach der Trennung wirklich nötig. Ich war völlig am Ende, hatte kein Selbstbewusstsein mehr, und vor mir lag die schwierige Aufgabe, mir in Deutschland eine eigene Existenz aufzubauen.

In langen Gesprächen mit meiner Beraterin entstand die Idee, einen Laden zu eröffnen. Ich hatte auch in Benin ein kleines Geschäft geführt. Solwodi gab mir das Startkapital als Kredit und half mir beim Einrichten des Geschäftes. Es ist ein kleiner Laden mit afrikanischen Produkten in guter Lage, und er läuft inzwischen recht gut.

Ich habe noch eine ältere Tochter, sie heißt Lucy. Sie blieb damals in Benin bei meiner Schwester, weil sie das selbst so wollte und meine Schwester sehr liebte. Als meine Schwester bei einem Unfall ums Leben kam, stand Lucy ganz alleine da. Sie wohnte bei einer Nachbarin, aber sie war erst vierzehn Jahre. Ich wollte sie nach Deutschland holen, doch das war schwierig. Der Antrag auf Familienzusammenführung wurde zunächst abgelehnt. Es wurden ein Speicheltest und eine Blutgruppenuntersuchung gemacht, dennoch zog sich das Antragsverfahren über eineinhalb Jahre hin. Vor kurzem hat sie endlich das Visum erhalten, die Einreiseerlaubnis für Deutschland.

Mir geht es inzwischen gut. Ich liebe meine Arbeit im Geschäft und bin stolz auf den Erfolg. Meine beiden Töchter besuchen die Schule und sind gut integriert. Sie haben viele Freundinnen. Von der schlimmen Zeit meiner Ehe ist ihnen erstaunlich wenig anzumerken.

Seit zwei Jahren habe ich einen afrikanischen Lebenspartner. Unser gemeinsamer Sohn John wurde in diesem Sommer geboren. Wenn jetzt noch Lucy zu uns kommen kann, bin ich richtig glücklich.

Die Situation in den Heimatländern der Frauen

Was sind das für Frauen, die mit der Hoffnung auf ein besseres Leben in unser Land kommen, ohne genau zu wissen, was sie hier erwartet? Aus welchen Ländern kommen sie?

Waren die Hauptherkunftsländer der Opfer in den 80er-Jahren noch Länder in Asien und Afrika, kommt seit der Öffnung des Eisernen Vorhangs die überwiegende Zahl der Opfer, über 80 Prozent, aus Mittel- und Osteuropa. Es ist leichter und billiger für die Händler, ihre »Ware« von dort ganz ohne Flugkosten einzuführen. Heute kommen aus Afrika noch 2,8 Prozent, aus Asien 2,9 Prozent und aus Lateinamerika 1,3 Prozent der Opfer.

Da sich in Afrika zahlreiche Faktoren für Migration gegenseitig verstärken, wie etwa Bürgerkriege, Gewaltausbrüche, ökonomische Krisen, Hungersnöte, gilt Afrika als der »Kontinent der Flüchtlinge«. Hauptursache für die Migration sind Bürgerkriege. Es werden aber auch 20 bis 25 Millionen Arbeitsmigranten in Afrika gezählt. Ein Großteil der Wanderungen findet innerhalb des Kontinents selbst statt. Bei der interkontinentalen Migration aus Afrika ist Europa als Zielkontinent beliebt, denn es existieren viele historische und sprachliche Bindungen aus der Kolonialzeit, und der Weg über das Mittelmeer ist nicht weit. Nach Europa gelangen allerdings höchstens Angehörige der Mittelschichten, die Schleppernetze oder schon bestehende familiäre Netzwerke nutzen.

In Ost- und Südostasien finden wir überall bevölkerungsreiche, schnell wachsende Gesellschaften bei sich verknappenden Ressourcen. Die größte Armut herrscht auf dem Land. Die Arbeitsbedingungen und Löhne sind in vielen Werkstätten und Betrieben erbärmlich. So erscheint der Weg ins reiche Ausland vielen als eine rettende Alternative.

Doch die meisten Opfer kommen aus Mittel- und Osteuropa nach Deutschland. Die seit einigen Jahren bereits bestehende hohe Anzahl russischer Opfer ist im Jahr 2003 laut »Lagebild Menschenhandel« nochmals um acht Prozent gestiegen. Lettland ist in Relation zur Anzahl der weiblichen Bevölkerung im Land der am stärksten von Menschenhandelsdelikten in Deutschland betroffene Staat. Die zweitgrößte Opferbelastungszahl hat Litauen, gefolgt von Bulgarien.

Am Beispiel Bulgarien lässt sich gut erklären, wie der »Markt« funktioniert: Seit 2001 können bulgarische Staatsangehörige für drei Monate visumfrei in die Bundesrepublik einreisen. Seither werden zunehmend bulgarische Zwangsprostituierte in deutschen Großstädten festgestellt.

Die Menschen in Mittel- und Osteuropa leben in großer sozialer und wirtschaftlicher Unsicherheit und Ungewissheit. Durch die radikale ökonomische Umstellung im Zuge der Reformprozesse nach 1989 kam es in allen Ländern Mittel- und Osteuropas zu wirtschaftlichen Krisen. Die Sozialsysteme waren von der Situation total überfordert und konnten die Arbeitslosen und in Not Geratenen nicht auffangen. Dies führte zu einer steigenden Kluft zwischen Arm und Reich. Die mittel- und osteuropäischen Länder sind geprägt von hoher Arbeitslosigkeit, steigenden Inflationsraten, stark sinkenden Realeinkommen, zweistelligen Rückgängen der Industrieproduktion und des Bruttoinlandsprodukts, steigender Auslandsverschuldung und hoher Wirtschaftskriminalität.

Zwischen 1985 und 1995 ist die durchschnittliche jährliche reale Wachstumsrate des Bruttosozialprodukts in allen ehemaligen Ostblockländern merklich gesunken. Das Pro-Kopf-Einkommen ist bedeutend niedriger als in den west- und nordeuropäischen Ländern. Die wirtschaftlichen Schlusslichter unter den mittel- und osteuropäischen Staaten sind Bulgarien und Rumänien. Am besten stehen die Slowakische Republik, Slowenien, Tschechien und Ungarn da.

Die sprunghaft angestiegene Arbeitslosigkeit, die niedrigen Löhne und das fehlende soziale Netz treiben viele Menschen zur Ausreise. Das hohe Wohlstandsniveau in der EU, das gut ausgebaute soziale Netz und die Bildungs- und Gesundheitseinrichtungen dort wirken als Anziehungsfaktoren auf die Menschen in Mittel- und Osteuropa. Hinzu kommt die Werbung durch die Medien, die das Bild von einem reichen Westeuropa, in dem alle Menschen in Luxus leben, zeichnen.

Von der krisenhaften Wirtschaftsentwicklung und der hohen Arbeitslosigkeit sind Frauen stärker betroffen als Männer. In den 90er-Jahren gingen in Mittel- und Osteuropa rund 14 Millionen Arbeitsplätze für Frauen verloren. Hinzu kommen, bei einem erheblichen Anstieg allein erziehender Mütter, die Kürzungen von staatlichen Beihilfen und der Abbau unterstützender Infrastruktureinrichtungen wie Kindertagesstätten etc. Daraus entsteht die hohe Bereitschaft der Frauen, sich auf das Risiko Migration einzulassen.

Die betroffenen Frauen sind meist sehr jung. Die von Solwodi im Jahre 2001 durchgeführte Studie »Probleme der Strafverfolgung und des Zeuginnenschutzes in Menschenhandelsprozessen« ergab, dass von 91 von Solwodi betreuten Menschenhandelsopfern 68 bei der Einreise unter 25 Jahren waren, das sind 74,73 Prozent. In der Regel sind Frauen zwischen 18 und 25 Jahren am stärksten betroffen. Das sagt auch das »Lagebild Menschenhandel« 2003. Der Anteil der Minderjährigen liegt bei fünf Prozent.

Auffällig ist die hohe Zahl der Frauen mit gutem Schulabschluss. 38 der 91 Frauen hatten einen mittleren oder höheren Schulabschluss. Jedoch hatten die Frauen vor der Ausreise im Vergleich zu ihrem Schulabschluss und ihrer Ausbildung keine adäquate Beschäftigung in ihrem Heimatland. Viele arbeiteten als Verkäuferin, Aushilfe oder waren arbeitslos. Der Anteil der vor der Ausreise in der Prostitution tätigen Frauen war mit elf Frauen (12,09 Prozent) eher gering.

Immer wieder stellen die Beraterinnen von Solwodi fest, dass viele dieser Frauen in ihrer Kindheit und Jugend extrem belastenden Situationen ausgesetzt waren, wie etwa Alkoholismus in der Familie, körperliche Gewalt oder sogar Kindesmissbrauch. Nicht allein die schwache ökonomische Stellung des Herkunftslandes, sondern auch die schlechte soziale und familiäre Ausgangssituation beeinflussen die Migrationsentscheidung.

Anwerbung und Erfahrungen der Frauen in Deutschland

Die meisten Frauen werden direkt persönlich angesprochen und angeworben, wobei häufig private Kontakte – Bekanntschaft, Freundschaft oder Nachbarschaft – eine Rolle spielen. Oft sind die Anwerbenden Frauen, was das Vertrauen der Opfer in diese Kontaktperson erhöht. Ja, auch Frauen sind Täterinnen im Menschenhandelsgeschäft, jedoch werden sie in erster Linie bei der Anwerbung und auch bei der Bewachung der Opfer eingesetzt. Viele Frauen werden, wie in unseren Beispielen, durch Bekannte oder Freunde in die Bundesrepublik geschleust. Daneben hat anonyme Werbung, etwa durch Zeitungsannoncen, eher geringe Bedeutung.

Die Frauen reisen meist mit Touristenvisum ein, mit PKW, Bus oder Zug, selten mit dem Flugzeug. Sie sind also legal eingereist, haben aber nur Anrecht auf einen Kurzaufenthalt bis zu drei Monaten und dürfen in dieser Zeit nicht arbeiten.

Laut »Lagebild Menschenhandel 2003« wurden 45 Prozent der dort erfassten Frauen von den Schleppern über den tatsächlichen Grund der Einreise getäuscht. Bei 81 Frauen (8,7 Prozent) wurde schon bei der Anwerbung Gewalt angewandt, 301 Frauen (32,3 Prozent) waren mit der Prostitutionsausübung einverstanden.

Diese statistischen Zahlen im Lagebericht klingen so harmlos: »32 Prozent der Frauen waren einverstanden.« Aber was sagen die Zahlen über die Wirklichkeit aus? Kannten die Frauen, die zur Prostitutionsausübung bereit waren, die Bedingungen, unter denen sie hier arbeiten sollten? Waren sie auf das, was sie erwartete, gefasst: Bedienung aller Wünsche der Freier, zahlreiche Freier pro Nacht, Arbeit ohne Kondom, perverse Praktiken, Gewaltausübung durch die Zuhälter, Vergewaltigungen?

Wenn die Anwerber den Frauen die Wahrheit über die von ihnen erwartete Tätigkeit sagen, verbinden sie dies meist mit unrealistischen Versprechungen wie zum Beispiel Verdienstmöglichkeiten bis zu 3 000 Euro im Monat, die Frau könne jederzeit in ihre Heimat zurück oder auch: »Man sitzt den ganzen Tag nur herum und macht sich schön.« Die Frauen haben die Erwartung, in der Prostitution schnell und leicht Geld zu machen. Mit der realen Situation, in die sie geraten, hat dieses von den Anwerbern gezeichnete Bild nichts zu tun. Die Täter arbeiten geschickt mit dem Klischee von der Bundesrepublik als »Land der unbegrenzten Möglichkeiten«.

Die Frauen, die eine andere Tätigkeit erwartet haben als Prostitution, erfahren erst nach der Einreise, bei der Fahrt ins jeweilige Bordell oder im Bordell selbst, welche Arbeit in Wirklichkeit von ihnen erwartet wird. Viele fühlen sich in einem fremden Land, ohne die Sprache zu kennen, ohne Kontakte und ohne Geld und Pass, so hilflos, dass es keiner weiteren Druckmittel bedarf. Bei einer großen Zahl von Frauen wird aber auch Gewalt, sowohl physische als auch psychische, angewandt. Das »Lagebild Menschenhandel 2003« gibt an, dass 52,8 Prozent der Frauen Gewalt ausgesetzt waren. Die Androhung von Gewalt gegenüber den in der Heimat gebliebenen Kindern oder anderen Familienangehörigen stellt eine der häufigsten Arten der Bedrohung dar. Hierbei wird durch die Täter immer wieder auf die guten Kontakte im Heimatland verwiesen. Häufig werden die Frauen durch Vergewaltigung und durch massive körperliche Gewalt wie Ausdrücken von Zigaretten auf der Haut oder Ausschlagen von Zähnen gefügig gemacht. Es gibt aber auch extreme Fälle:

Eine Frau ließ man hungern, bis ein Kunde kam, dann erhielt sie etwas zu essen, um überhaupt die Arbeit machen zu können. Ein anderes Beispiel ist Svetlanas Fall, die zur Strafe mehrmals in einen Kühlraum im Keller gesperrt wurde, wo sie wegen der Kälte, Enge und Dunkelheit in Todesängsten war. Auch wenn die Frauen von vorneherein bereit sind, als Prostituierte zu arbeiten, werden sie häufig von den Zuhältern oder Bordellbesitzern vergewaltigt. Diese demonstrieren so ihr Besitzgefühl.

Der häufigste Weg für die Frauen aus dem Bordell heraus ist der durch eine Razzia. Erkennen die Ermittlungsbeamten bei der Vernehmung, dass Menschenhandel vorliegen könnte, wird die Frau meistens nicht ausgewiesen, sondern es wird der Kontakt zu einer Fachberatungsstelle hergestellt und die Frau erhält Beratung und Unterstützung. Einigen wenigen Frauen gelingt aber auch selbstständig oder mithilfe von Freunden, die häufig Freier sind, die Flucht aus dem Bordell. Meist verhindern allerdings die Angst vor der Polizei und vor der Ausweisung und die Perspektivlosigkeit der Frauen etwaige Fluchtversuche.

Der Anteil der Frauen, die abgeschoben werden und wieder nach Deutschland einreisen, ist erschreckend hoch. Hier spielen sicher die materielle Not und Perspektivlosigkeit im Heimatland eine große Rolle. Man muss auch klar sehen, dass die Frauen, wenn sie nach Hause zurückkehren, nicht frei sind. Die Täter greifen häufig zu Drohungen und Repressalien, um die Frauen zur Wiedereinreise und Wiederaufnahme der Prostitution zu bewegen.

Agathas Erzählung fällt unter den Erzählungen der Frauen aus dem Rahmen, ist aber leider kein Einzelfall. Nicht ein fremder Schlepper oder Zuhälter hat sie ausgebeutet, sondern ihr eigener Mann, den sie immerhin schon eine Weile kannte, mit dem sie eine gemeinsame Tochter hatte, wollte sie zur Prostitution zwingen. Diese Fälle, bei denen sich der Freund oder Ehemann nach einer harmonischen Anfangszeit als Zuhälter und als gewalttätig entpuppt, sind besonders belastend für die Frauen. Der Mann nutzt als Zwangsmittel die emotionale Bindung der Frau aus. Für diese bedeutet es eine starke Traumatisierung, durch einen Mann, zu dem sie ein Vertrauensverhältnis hatte, in eine solche Situation gebracht zu werden.

»Menschenhandel« umfasst jedoch mehr als nur den Zwang zur Prostitution. Die Grenzen sind fließend, und Frauen aus ärmeren Ländern geraten in unserem Land in unterschiedliche Notlagen und brauchen Hilfe. Nach deutschem Gesetz gibt es mehrere Arten von Menschenhandel. Der Zwang in die Prostitution ist wohl die härteste Ausbeutung, aber auch Zwangsarbeit und der noch nicht gesetzlich anerkannte Zwang in die Ehe sind Formen des Menschenhandels. Es geht hier jedoch nicht um juristische Definitionsprobleme im Sinne von »Wo fängt der Menschenhandel an?«. Es geht um die Würde und das Menschenrecht von Frauen, die in unserem Land leben und in menschenunwürdigen Verhältnissen ausgebeutet und gequält werden, ganz gleich, ob sie durch dubiosen Heiratshandel, Sextourismus oder offensichtlichen Menschenhandel nach Deutschland gekommen sind.

Die Täter

Inge Bell

Eins vorab: Die Männer der Menschenhandels-Mafia verstehen sich prächtig, denn sie sprechen eine Sprache: die der Geldgier – gepaart mit Gewalt.

Zuhälter – geachtet, nicht geächtet

Sie täuschen sich, wenn Sie glauben, einen Zuhälter erkenne man. Das Klischee stimmt in den meisten Fällen nicht. Es sind nicht die Goldarmbänder und teuren Uhren, nicht Sonnenbräune, weiße Schuhe und pomadisiertes Haar, was er eitel zur Schau stellt. Es ist kein schmieriges, verschlagenes Gesicht, das einen dreist angrinst. Oder nur in den seltensten Fällen. Es sind keine finsteren, kahl rasierten, dunkelhäutigen, gefährlich wirkenden Typen, die sofort signalisieren: »Hier komme ich und ich mach euch alle platt, wenn ihr nicht spurt.«

Es sind oft ganz gewöhnlich aussehende, mitunter richtiggehend gutmütig, smart oder jovial wirkende Zeitgenossen. Mit Bäuchlein, Haarausfall oder auch hager und schmächtig. Sie haben oft Frau und Kinder. In einer Männerrunde an der Bar sind sie gesellige, lustige Typen – Durchschnitt eben. Sie sehen aus und geben sich wie ganz normale Männer – nur im Gegensatz zu den anderen Beteiligten im Prostitutions-Milieu, den Freiern, sind sie keine ganz normalen Männer, kein Bevölkerungsdurchschnitt. Auch wenn man es ihnen meist nicht im Entferntesten ansieht, sie leben vom Leid anderer Menschen. Und dabei sind sie in der Tat brutal, skrupellos, gewissenlos, eiskalt.

Egal, ob Russen, Ukrainer, Serben, Albaner, Bulgaren, mittlerweile treiben auch in Deutschland immer mehr osteuropäische Täter das Menschenhandels-Karussell an[1] – Tendenz stark steigend –, und sie sind alle Produkte ihres osteuropäischen Systems. Eines total verrotteten Wertesystems nach langen Jahrzehnten des Kommunismus und einer damit verknüpften alltäglichen Menschenverachtung, denn sie entstammt einer Ideologie, in der der Einzelne nicht zählt. Die Zuhälter aus Osteuropa sind Teile einer Gesellschaft, in der ohnehin ein hohes Gewaltpotential herrscht. Es herrschte innerfamiliär schon zu Zeiten des Kommunismus – häusliche Gewalt war an der Tagesordnung –, und es herrscht weiter, zumal jetzt in den Jahren nach der Wende, wo das Überleben in einem wilden Kapitalismus für alle zum Kampf, zum mitunter aggressiven Kampf, geworden ist. Die Tradition der niedrigen Gewaltschwelle in Osteuropa ist also ungebrochen. Frauen wurden und werden zu Hause geschlagen. Der massive Alkoholkonsum gehört zum Alltag ebenso wie die überall anzutreffende elementare Rohheit und latente oder offene Aggressivität. Hilfsorganisationen in Osteuropa beklagen das immer wieder. Sie beklagen aber auch die polizeiliche und gesetzgeberische Ignoranz zum Beispiel häuslicher Gewalt gegenüber – eben weil sie so alltäglich ist.

Die osteuropäischen Menschenhändler sind Produkte dieses Alltags, in dem Werte und Grenzen Gummiband-Prinzipien sind. Die Zuhälter im Menschenhandels-Business sind nicht etwa Ausgestoßene ihrer jeweiligen Gesellschaft, lichtscheue Nachtschattengewächse – sie sind die Helden. In den meisten Ländern Osteuropas, in denen dubiose stiernackige Mafiabosse und kernige Machos in Liedern des Pop-folk besungen werden, sind sie Projektionsfläche für ein gutes, gelungenes, weil »geldiges« Leben. Sie sind voll integrierte und durchaus beliebte Mitglieder der Gesellschaft ihres jeweiligen Wohnorts und Wirkungskreises. Ja, sie gehören mitunter sogar zur besseren Gesellschaft. Menschenhandel als Kavaliersdelikt. Auch wenn man dort weiß, der hat einen Club, ein Bordell, »macht mit Mädchen rum« – man ist nur zu geneigt, zu übersehen, dass es superbrutal und menschenverachtend zugeht, man will gerne glauben, was der Mann sagt und wovon er wohl auch selbst in seinem Koordinatensystem überzeugt ist: »Ich helfe den armen Dingern ja nur, bei mir können sie wenigstens ein bisschen Kohle machen und außerdem haben sie ein Dach überm Kopf, in ihrer Heimat haben sie ja nur das Elend. Na ja, und wenn's mal ein paar Schläge zur Motivation gibt – hat noch keiner geschadet. Und zu Hause sind sie ja auch verprügelt worden ...«

Und so erstaunt es nicht weiter, dass diese Männer keinerlei Unrechtsbewusstsein haben. Denn gesellschaftlich sind sie ja in ihrer Heimat nicht einmal geächtet, sondern fast geachtet. Als Produkte ihres Systems gehört für sie Gewalt sowieso dazu und als skrupellos, brutal und gewissenlos empfinden sie sich ohnehin nicht.

Wer ein eindrückliches Zeugnis dessen lesen will, wie gewalttätig und eiskalt Täter mit ihren Opfern umgehen und wie wenig Skrupel sie bis zuletzt – bis zur Verurteilung – empfinden, dem sei die Analyse von mehreren Dutzend Menschenhandelsprozessen empfohlen in dem Buch *Probleme der Strafverfolgung und des Zeuginnenschutzes in Menschenhandelsprozessen – eine Analyse von Gerichtsakten.* Es wird aus jedem einzelnen, minutiös recherchierten Fall überdeutlich, dass die Täter – Deutsche wie Osteuropäer – in den Frauen und Mädchen, die sie in ihre Gewalt gebracht haben, ganz einfach »Besitz« sehen, seelenlose Dinge, Ware, Frischfleisch, womit eben Geld gemacht wird und das, wenn es nicht funktioniert, irgendwie wieder zum Funktionieren gebracht oder ausrangiert – sprich: gewaltsam gefügig gemacht, weiterverkauft oder achtlos verschachert wird.

Die Frau als Funktion des Geldes. Der Mensch dahinter zählt nicht. Eine rumänische Ex-Zwangsprostituierte bringt es erbittert auf den Punkt:[2] »Die Menschenhändler, die ich kenne, sind Rumänen, Serben, Mazedonier, Albaner. Und sie sind nicht nur ›Frischfleisch‹-Händler, sie handeln außer mit Frauen auch mit Drogen. Die haben kein Herz, die sehen in dir nicht einen Menschen, sondern nur Geld, viel Geld. Du bist eine tolle Geldquelle, ein Objekt, mit dem man Profit machen kann. Die würden auch die eigene Mutter verkaufen.«

Petar aus Mazedonien – Marias Peiniger

Der mazedonische Zuhälter Petar weiß, was zählt auf dem modernen Sklaven-Markt: »Natürlich hängen die Preise für ein Mädchen von ihrer Schönheit ab, nicht wahr, wenn das Mädchen schön ist, ist es teurer, wenn sie hässlicher ist, billiger. Ich weiß natürlich – die meisten Mädchen aus der Ukraine oder Moldawien oder Rumänien wurden belogen, von Freunden oder Agenturen. Ich weiß, dass sie die mit Arbeit in Italien und Griechenland locken. Klar, und weil die wirtschaftliche Situation in den Ländern, aus denen sie kommen, eben nicht gut ist, lassen sie sich drauf ein. Jeder kämpft eben ums Überleben, nicht wahr? Ich habe schon auch Mitleid mit ihnen. Schließlich macht keine so eine Arbeit freiwillig. Es gibt Fälle, wo Mädchen dazu gezwungen werden, durch Vergewaltigung, Schläge, Folter. Und wenn eine um ihr Leben fürchtet, gibt sie den Widerstand auf und fügt sich in die Arbeit. Verkauf ist normal. Jeder, der Mädchen bringt, will seinen Gewinn damit machen, und dann gibt es eben höhere Preise, damit er Gewinn macht. Mit einem Wort, die Mädchen werden weiterverkauft. Dann arbeiten sie bei ihren Besitzern, je nachdem länger oder kürzer. Bei mir ja nicht. Wenn sie nach Hause wollen, helfe ich ihnen irgendwann, zurückzufahren. Aus anderen Bordellen kommen sie nicht raus, andere arbeiten eben anders als ich, das hängt halt vom jeweiligen Menschen ab, nicht wahr?«

Tatsächlich ließ Zuhälter Petar seine Frauen frei, nachdem er sie nach Strich und Faden in seinem Bordell in einer mazedonischen Kleinstadt ausgebeutet hatte. Er half ihnen sogar bei der Beschaffung von Bustickets oder setzte sie vor den jeweiligen Botschaften ihrer Heimatländer ab, wenn sie ohne Papiere waren. Der vermeintlich so ritterliche Mann sieht es tatsächlich als »Ehrensache« an, die Frauen dann nicht an andere Besitzer weiterzuverkaufen, sondern freizulassen. Ohne jegliches Geld, aber immerhin mit (geschundenem) Leib und Leben. Das Bordell, das der ethnische Mazedonier bis zu den UCK-Aufständen im Sommer 2001 betrieb, war ein Stammlokal für die in der Nähe stationierten deutschen KFOR-Soldaten auf Kosovo-Friedensmission. Maria, die Moldawierin, von der wir im Kapitel »Die Freier« mehr lesen werden, war eine von vielen Zwangsprostituierten, die in jenem Bordell Dienst an der deutschen Truppe tun musste. Heute lebt sie unter dem Schutz von Solwodi anonym in Deutschland. Das Bordell ist zerstört, der ehemalige Betreiber wird vom Staat Mazedonien Entschädigungszahlungen erhalten. In seiner Heimat ist der Zuhälter bis heute ein angesehener Bürger. Er ist jetzt Restaurantbesitzer, befreundet mit dem Polizeichef und den honorigsten Geschäftsleuten der mazedonischen Kleinstadt. Belangt wurde er nie. Solwodi klagte zusammen mit Maria gerichtlich gegen ihre deutschen KFOR-Stammkunden. Wie im nächsten Kapitel noch beschrieben wird, mussten die staatsanwaltschaftlichen Ermittlungen in Deutschland Anfang 2004 eingestellt werden, denn obwohl zweifelsfrei festgestellt wurde, dass Maria Opfer von schwerstem Menschenhandel war, konnte den deutschen Stammkunden nicht nachgewiesen werden, dass sie von ihrer Notlage wussten. »Ehrenmann« Petar jedenfalls ist immer noch der Meinung, dass er ein guter Zuhälter war: »Die Mädchen hatten es bei mir gut. Ich wollte auch, dass sie es gut haben, natürlich ist es eine harte Arbeit. Ich habe sie immer wie Menschen behandelt, nicht wie Prostituierte.« Eine fatale Aussage, sie verrät die klassische, zynische Geisteshaltung des Ausbeuters. Sind denn Prostituierte keine Menschen?

Fleischbeschau am Sklavenmarkt

Ob mit oder ohne (gefälschte) Papiere, ob mit oder ohne (frei erfundene) Arbeitsverträge – Frauen, die in der Prostitution landen sollen, werden sehr oft noch in Osteuropa auf Sklavenmärkten gebündelt und dort zum Weiterverkauf »feilgeboten«. Meist sind es Wohnungen von Mittelsmännern in anonymen Großstädten oder einsame Häuser auf dem Land, in denen die Frauen aus aller Herren Länder zusammengetrieben werden. Hier erfolgt dann die »Fleischbeschau« durch die »Endabnehmer«, Zuhälter und Mittelsmänner aus ganz Europa, die für ihre Etablissements oder die ihrer Kumpels einkaufen. Eine Rumänin erinnert sich an eine ihrer unzähligen Durchgangsstationen auf dem Weg nach Deutschland – eine Wohnung in Belgrad, eine der Drehscheiben für Menschenhandel im Balkanraum:

»Der Mann, ein Serbe, sagte: ›So, ruht euch aus, macht euch schön, schminkt euch. Reißt euch zusammen! Wenn ihr euch benehmt, kommt ihr in eine gute Bar, wenn nicht, wird's übel, dann könnt ihr bei einem Albaner landen und ihr wisst ja, da kommt ihr nie mehr nach Hause.‹ Es kamen dann Kunden, um uns zu kaufen. Wir wurden ausgefragt, woher wir kommen, wie alt wir sind, sie guckten uns in den Mund, dann hieß es: ausziehen, damit die unsere Körper begutachten konnten und ob wir Makel oder Narben haben. Als ob wir Objekte wären! In Kategorien wurden wir eingeteilt, die taugt zur Arbeit, die nicht, eine ist hübscher, die kommt dahin, die andere, Hässlichere, kommt zu einer anderen Bar, wahrscheinlich einer mit schlechterer Qualität, oder was weiß denn ich ...!«

Ein weiteres sehr bekanntes Drehkreuz für die weiße Ware

aus Osteuropa ist Moskau. Ob aus den asiatischen Ex-Sowjet-Republiken oder aus der Ukraine oder Moldawien – in hunderten von diesen Wohnungen werden jeweils mehrere Dutzend Frauen »zwischengelagert«. Eine Russin aus St. Petersburg wurde von hier aus nach Israel verkauft, die anderen 21 Leidensgenossinnen in dieser Wohnung kamen nach Italien, Deutschland, Griechenland, Spanien. Nach zwei Monaten gelang der Russin mithilfe eines israelischen Freiers die Flucht zurück. Sie lebt heute anonym bei einer Petersburger Hilfsorganisation:

»Alles läuft über Moskau. Die haben viele Beziehungen und Agenten in allen Ländern. Ich habe Anrufe gehört, als ich da in Moskau saß, Anrufe aus Moldawien, dass sie jetzt zum Beispiel ein Mädchen schicken mit der und der Größe, dem und jenem Gewicht und diesem und jenem Alter. Sie besorgen dann alles, Dokumente, Pass, auch Pauschalreisen zur Tarnung, und wir müssen das dann abarbeiten, wenn wir im Ausland sind. Uns blieb natürlich nichts. Wir haben umsonst gearbeitet. Es ist ein riesiger Umsatz. Auch die russische Regierung ist verwickelt. Alle wissen es, sie schweigen nur.«

Diese anonymen Wohnungen oder verschwiegenen Häuser sind Durchgangslager für die Frauen. So lange, bis der weitere Weg, die Dokumente und der Endabnehmer klar sind. Nicht alle Frauen wissen, dass sie in der Prostitution landen werden, wenn sie in diese Wohnungen kommen. Spätestens hier gibt es das böse Erwachen. Sie bleiben nur wenige Tage hier, denn Zeit ist Geld. Auch Maria aus Moldawien, die dann im Soldatenbordell am deutschen Truppenstandort Mazedonien landen sollte, war nur kurz im Zwischenlager in Belgrad:

»Ich war in einem Appartement mit 20 bis 30 Mädchen, sehr viele waren's, sie kamen und gingen, es gab immer wieder neue. Sieben Tage war ich da, das war vergleichsweise lang. Ich war anfangs noch der Meinung, ich würde in Italien arbeiten, so wie die Agentur es mir versprochen hatte. Irgendwann kamen Italiener. Sie sagten: Ihr seid zu viele für Italien. Sie kauften nur drei Mädchen. Ich musste noch ein paar Tage bleiben. Ohne Essen, nur Wasser. Grausam, grausam, ich wünsche das keinem! Ich dachte immerzu nur an meine kleine Tochter daheim. Dann kam ein Albaner und sagte höhnisch zu mir: ›Italien, was?! Flausen, meine Liebe! Italien schlägst du dir besser aus dem Kopf. Sei froh, wenn du nicht nach Albanien kommst, da geht einer nach dem anderen rüber über dich, einer nach dem anderen. Danach bist du fertig.‹ Na, zum Glück bin ich dann nur an einen Mazedonier verkauft worden. Zum Glück? Glück in großem Unglück.«

Die Puffmutter – stete Komplizin

Eine infame Instanz – stets der Gegenpol zum Zuhälter oder Bordellbetreiber – ist die Puffmutter. Ist der Zuhälter der »bad guy«, der Bösewicht, droht er mit Schlägen, weil seine »Pferdchen« nicht spuren wollen, weil sie heulen und raus wollen aus der Sklaverei, zurück nach Hause – so ist die Puffmutter die scheinbar Gute, die Verständnisvolle, die Trösterin. Ist der Zuhälter jedoch sanft und verspricht baldige Besserung der Lage, so ist die Puffmutter diejenige, die eiskalt die Peitsche schwingt. Am Ende steht jedoch immer der Profit. Es ist ein ausgebufftes Spiel, das die Frauen in der Zwangslage in jedem Fall glauben lässt, einer von den beiden meint es bestimmt halbwegs ehrlich und gut. Die Puffmutter kann eine wesentlich ältere, erfahrene Frau sein, nicht zwingend eine ehemalige Prostituierte. Sie kann aber auch eine junge Frau sein, die »aufgestiegen« ist in der Hierarchie, von der ehemaligen (Zwangs-)Prostituierten zur Puffmutter, die gar nicht mehr oder nur mit ausgewählten Freiern aufs Zimmer geht. In Nachtclubs oder Striptease-Bars sind es oft ältere »puffmutterähnliche« Frauen, die die Geschäftsanbahnung der Prostituierten genau beobachten, ihnen ihre Getränke servieren und genau mitzählen, wie viele vermeintliche »Whiskeys« oder »Cocktails« sie bestellen, die die Freier teuer bezahlen. Doch meist ist nur Saft oder Cola in den Gläsern, aus denen ein Freier ja nie trinken darf – man darf ihn schließlich nicht wissen lassen, dass er mit dem überhöhten Preis dafür »abgezockt« wird.

So beschreibt ein deutscher Freier aus Bayern die zentrale Rolle der Puffmutter in seinem Lieblingsclub hinter der tschechischen Grenze: »Eintritt frei, erst mal 'ne Cola bestellt. Ca. sechs Girls anwesend, teilweise eigentlich ganz hübsch, na ja, aber nichts für mich. Woraufhin mir die Puffmama ein kleines Buch überreicht, in dem Fotos von den Girls zu sehen sind – Mann kann also erst mal in aller Ruhe auswählen. Nachdem ich das Büchlein durch hatte und auch nix Hundertprozentiges dabei war für mich, fragte ich die Puffmama, ob Girls aus der Ukraine da wären. Sie sagte ja, Neuzugänge, wären aber noch keine Fotos drin. Nach ein paar Minuten kamen dann auch die zwei Besagten. Wow!, kann ich nur sagen ... Mein Girl sagte mir, dass es heute ihr erster Tag wäre, sie sei mit ihrer Freundin erst gestern eingereist und ich wäre sogar ihr erster Kunde. Trinken wollte sie nix außer einem Glas Wasser, was mir nur recht sein sollte. Der Puffmama hat's nicht so gefallen, sie sagte meinem Girl dann scharf auf Russisch, dass sie das nächste Mal gefälligst einen Cocktail zu bestellen habe. Ich hab's verstanden, da ich ein wenig Russisch kann. Ach so, eine Kleinigkeit hab ich noch vergessen: Die Eieruhr im Zimmer wurde von der Puffmama gestellt. Da fiel mir auf, dass sie die Uhr auf 45 Minuten statt auf 60 gestellt hat, aber während mein Girl das Geld zur Puffmama runterbringen musste und ich 'ne Minute allein im Zimmer war, hab ich das schnell wieder auf 60 Minuten geändert.«

Während die Gewalt, die vom männlichen Zuhälter ausgeht, sehr oft von den Frauen als körperliche Brutalität (Schläge, Vergewaltigungen) beschrieben wird, übt die Puffmutter eher subtilen Psychoterror aus. Ein Spiel aus Vertrauen-Gewinnen und Liebesentzug. Eine Rumänin erinnert sich an ihren ersten Abend mit der nur 23-jährigen Puffmutter:

»Anfangs war sie sehr liebenswürdig. Ich habe gedacht, man kann mit ihr reden. Sie ist Rumänin wie ich, hat ein Kind, war früher auch Zwangsprostituierte. Jetzt war sie die Geliebte des Zuhälters. Sie hat uns viel über ihre Vergangenheit erzählt. Sie sagte dann: ›Nur wenn ihr wollt, schlaft ihr mit den Kunden.‹ Das war das erste Mal überhaupt, dass ich erfuhr, dass es hier um Sex ging! ›Die dürfen euch nicht misshandeln, ihr nehmt Kondome.‹ ›Nur wenn wir wollen?‹, fragte ich. ›Ja.‹ ›Und was, wenn nicht?‹ ›Dann macht ihr nur Striptease. Jetzt legt euch erst mal hin, erholt euch.‹ Am Abend hat sie uns dann Kleider gegeben, mit tiefem Dekolleté und superkurzen Röcken, damit wir möglichst sexy aussehen. ›Gut, wir werden auf dich hören‹, sagten wir. ›Wir wollen ja ganz schnell nach Hause.‹ Am ersten Abend haben wir erst nur Striptease gemacht, sie hat uns zu trinken gegeben: ›Trinkt, trinkt, damit ihr locker seid‹, wir waren ja

nicht an so was gewöhnt ... Sie hat uns Whiskey einge-
schenkt, viel, immer mehr ... ›Los, trinkt alles auf einmal.‹
Ich hab mich so schlecht gefühlt, ich wusste, was passiert,
konnte aber nicht reagieren. Und dann hat sie uns zu den
Kunden geschickt. ›Aber ich dachte, nur wenn wir wollen
...?‹, fragte ich. ›Na ja, wir haben jetzt keine anderen Mädchen, damit der Kunde auswählen kann. Müsst eben ihr gehen.‹ ›Wo sind denn die anderen?‹ ›Sind bei einer Razzia
gefasst worden.‹ Immer wenn wir revoltiert haben, hat sie
uns sehr wenig zu essen gegeben, hat uns hungern lassen oder
hat uns das Essen so versalzen, dass wir nichts davon essen
konnten. Wir sind hungrig ins Bett gegangen, hungrig aufge-
standen. Eine andere Verzweifelte hat sie geschlagen. ›So
geht es eben, wenn ihr nicht hört.‹ Sie hat sich urplötzlich
geändert. Wenn jemand kam, Kunden, war sie liebenswürdig.
Aber sonst hat sie uns hingehalten, hat uns Kaffee nur in win-
zigen Rationen gegeben, zur Belohnung, oder Zigaretten.
Aber sie und der Zuhälter haben ständig geraucht oder gegess-
sen und sich Kaffee vor unseren Augen gekocht. Und sie hat
ständig Misstrauen gesät unter den Mädchen.«

Meist ist die Puffmutter auch die finanzielle Zwischenins-
tanz zum Zuhälter. Sie nimmt das Geld der Freier entgegen.
Sie fahndet nach den geheimen Verstecken für Trinkgelder.
Sie zieht den Frauen horrende Kosten für Logis und Essen ab.
Sie kauft die täglichen Gebrauchsgüter ein und berechnet für
die Shampoos, Seifen, Tampons, Kondome und Kleider Un-
summen. »Sie hat uns alles gekauft. Mit dem Chef durften wir
darüber nicht reden. Gott behüte, dann hätte es was gesetzt.
Für BH und Slips und alles andere haben sie uns wahnsinnige
Summen berechnet. Sie haben es uns direkt abgezogen. Wir
haben ja nie was auf die Hand bekommen. Alle Sachen waren für uns zehn bis 15 Mal so teuer als in Wirklichkeit, und

dann hat sie sich noch lustig gemacht: ›Schaut halt selbst nach, wie teuer das alles ist!‹ Dabei durften wir doch nicht mal raus.«

Falsche Freunde: die Rekrutierer

Am Anfang des Menschenhandelsmechanismus steht oft eine anscheinend vertrauenswürdige Person aus dem entfernteren Familienumfeld oder Bekanntenkreis des Menschenhandelsopfers. Es kann auch hier eine ältere, Respekt genießende Frau sein, die beteuert, dass die Männer, mit denen das Mädchen mitgehen soll, zuverlässig und redlich sind, dass sie schon oft Mädchen geholfen haben auf ihrem Weg in den Westen zu einem besseren Leben als Kellnerin oder als Haushaltshilfe. Diese Vertrauenspersonen berichten von Erfolgsstorys und erschleichen sich so das Vertrauen des Mädchens. Arglos lässt sie sich ein – es kann ja nichts schief gehen, wenn schon solch erfahrene Ratgeber quasi dafür bürgen ... Erst wenn es dann schon zu spät ist, merken die Frauen, dass die vermeintlich Gutmeinenden falsche Freunde waren.

So ging es auch Jolana aus Tschechien: »Ich hatte ein paar Freunde oder ich dachte, die sind Freunde, und die haben mir angeboten, nach Deutschland zu kommen und hier zu arbeiten, im Restaurant, in Leipzig, haben sie gesagt. Dann haben sie mich in einer Nacht über die Grenze gebracht. Ich hatte keinen Pass, nur einen Ausweis, einen tschechischen Ausweis, und wir sind dann nach Leipzig gekommen – und das war kein Restaurant, das war ein Bordell, das war ein Puff! Die Pässe, die wir bekommen hatten, waren alle gefälscht, die haben sie uns abgenommen und uns in ein Zimmer gesteckt, und immer am Abend mussten wir runtergehen und arbeiten. Nur ich weigerte mich, ich konnte das nicht machen.« Aus dem Bordell in Leipzig konnte Jolana entkommen. Sie hatte weder den gefälschten Pass, noch ihren tschechischen Ausweis dabei. Es folgte eine Flucht quer durch Deutschland, Österreich, Holland. Schließlich fand sie Zuflucht bei der Organisation Solwodi, unter deren Schutz sie heute anonym lebt.

Auch die Masche der so genannten Loverboys ist ein beliebter Trick, ein Mädchen zu ködern. Junge, gut aussehende Männer becircen die Mädchen, laden sie ein in Discos und Cafés, chauffieren sie mit ihren glänzenden West-Autos herum, machen sie verliebt. Kurz: Sie lassen sie sich fühlen wie Prinzessinnen und können sich ihrer Ergebenheit bald sicher sein. Dann heißt es irgendwann: »Lass uns doch mal wegfahren, über die nächste Grenze oder in den Westen«. Oder es heißt: »Ich bekomme Besuch von Freunden, die nehmen dich mit und wir treffen uns dann einen Tag später in der und jener Stadt«. Es gibt dann für die Frauen kein Zurück mehr und das Erwachen aus den falschen Liebesschwüren ist brutal ... Ein klassisches Szenario ist die Urlaubsbekanntschaft. Junge Männer halten in Badeorten Ausschau nach möglicher »Ware«. Aus Flirts wird mehr, Vertrauen wird aufgebaut, und dann schnappt die Falle zu. Die Physikstudentin Elena aus Moldawien machte mit einer Freundin Sommerurlaub am Schwarzen Meer in Rumänien, als es passierte: »Wir hatten dann zwei Männer kennen gelernt, und eines Abends wollten die uns wie immer vom Restaurant nach Hause bringen. Wir sind dann aber nicht ins Hotel, sondern direkt Richtung Bukarest gefahren. Sie sagten, wir sollen uns keine Sorgen machen. Ich wusste in dem Moment sofort, wir werden verkauft, ich hab im Fernsehen und zu Hause gehört, dass Mäd-

chen verkauft werden. Und so war's dann auch.« Elenas End-
station war ein Bordell.

Im Falle der 13-jährigen Schülerin Daniela aus Bulgarien
war es sogar ihr erster Freund, mit dem sie schon seit Monaten ging, der sie verkaufte: »Eines Abends kamen Freunde
von ihm aus Varna, die suchten Mädchen. Und er – er
machte so was, das wusste ich aber damals noch nicht. Er
sammelte Mädchen, um sie dann zu verkaufen. An dem
Abend konnten die aber keine Mädchen finden und so hat er
einfach mich verkauft. Sie haben mich ins Auto gezerrt. Ich
wollte natürlich nicht, hab mich gewehrt, dann haben sie
mich geschlagen, haben gesagt, wenn ich weiter so schreie,
halten sie in einem Wald, werfen mich raus und zerschlagen
mir die Kniescheiben.« Damit begann für das minderjährige
Mädchen eine Odyssee durch ganz Europa. Sie endete mit einer Razzia in Luxemburg und der Abschiebung zurück nach
Bulgarien – sie war ja illegal. Dazwischen durchlief Daniela
ein Jahr lang Bordelle und Straßenstriche in Deutschland,
Frankreich, Belgien. Türkische Zuhälter, bulgarische
Zwischenhändler, polnische Schlepper.

Schlepper und Handlanger

Daniela wurde also illegal nach Deutschland geschleust – aus
Bulgarien über Serbien, Ungarn, die Slowakei nach Polen
und dort über die grüne Grenze nach Deutschland: »Es war
schon dunkel, sechs oder sieben Uhr abends, war ja Winter.
Sie haben uns in einen Minibus verfrachtet. Wir wurden zu
einem Wald gefahren. Er war sehr dicht, wir mussten in einer
Reihe gehen, ganz still sein. Wir waren fünf bis sechs Mäd-

chen, alle jung wie ich. Ein Mann war vorne, der ist immer vorgegangen und hat geschaut, ob die Luft rein ist, und am Ende war noch einer, damit keine wegläuft. So liefen wir anderthalb Stunden. Es war kalt. Ich hatte nur einen Minirock an, wusste ja nicht, was mir passieren würde. Wir kamen zu einem Fluss. Die Grenze Polen-Deutschland war dieser Fluss, glaub ich zumindest. In der Ferne war es hell. Man hörte Hunde. Das war offensichtlich die Grenze. Wir haben sie mit einem Boot überquert. Weil das Boot kaputt war, kam immer mehr Wasser rein. Wir sind in kleinen Gruppen übergesetzt worden, immer waren zwei Männer dabei, der Bootsmann und einer der Bewacher. So kamen wir auf die andere Seite, da hat schon ein anderer Minibus gewartet. Ja, so kam ich nach Deutschland.«

Schlepper können zwar auch Menschenhändler sein, sind es aber nicht in jedem Fall. Meist bezahlen die wohlorganisierten Netzwerke aus Rekrutierern, Zuhältern, Mittelsmännern wiederum weitere Handlanger für ihre Dienste – wie im Fall von Daniela den Bootsmann, den mitfahrenden Bewacher und den Chauffeur des Minibusses. Es sind Männer, die in Grenznähe wohnen und die grünen Grenzen gut kennen. Die 14-jährige Bulgarin Meggi sollte nach Kreta gebracht werden. Noch in Bulgarien wurde sie von einem Griechen von jenseits der Grenze abgeholt: »Die Zuhälter sagten, du musst nach Griechenland. Ich wollte aber nicht, bamm, zwei Ohrfeigen. Warum willst du nicht nach Griechenland, bamm, noch zwei Ohrfeigen! Dann packten sie mich einfach und verfrachteten mich in ein Auto wie so ein Schwein. Das alles war mir so schwer. Ich wollte nie so eine sein. Ich bin dann illegal nach Griechenland gebracht worden, zu Fuß über die Grenze hinter der Grenzstadt Petritsch. Wir waren zwei Mädchen und der Führer, der uns über die Grenze gebracht hat. Er war Grieche, kannte sich gut aus in der Gegend. Abends ging's los, die ganze Nacht durch. Es ging durch Wälder, durch die Berge. Es war noch ein junges Mädchen dabei, eine Russin, sie 16, ich 14.«

Auch bestechliche osteuropäische Grenzpatrouillen, die im richtigen Moment wegschauen, wenn ein Grüppchen über die grüne Grenze huscht, sind keine Seltenheit.

Die organisierten Netzwerke der Täter bestehen aus einer Armada an internationalen Helfern: im Herkunftsland der Frauen und Mädchen, wo Rekrutierer sie anwerben oder wo falsche Arbeitsagenturen die Frauen in die Falle locken, in den Transitländern, wo die Frauen dann mitunter »zwischengelagert« und möglicherweise schon für ihren Einsatz »vorbereitet« werden[3], in den Zielländern, wo sie empfangen und endgültig gebrochen werden müssen. Eine ganze Reihe von lokal ansässigen Menschen in den Transit- und Zielländern, die Wohnungen unterhalten und den vorübergehenden Aufenthalt der Frauen dort finanzieren müssen, Menschen, die echte Visa beantragen und Reisetickets kaufen müssen für die, die als Touristen einreisen, Menschen, die Kontakte zu hochprofessionellen Fälscherbanden haben müssen, damit Pässe oder Visa beschafft werden für die, die nicht problemlos als Touristen einreisen können.

Die Russin aus St. Petersburg, die nach Israel verkauft wurde, gibt einen Einblick: »Der Mann hat mich nach Moskau gebracht, dort waren wir in einer Wohnung mit 21 anderen Mädchen, die weitergebracht werden sollten wie ich. Es gingen dort sehr viele Schleuser ein und aus. Dann haben wir eine Touristenreise gekauft gekriegt. Und sie haben uns legal nach Ägypten geschickt. Es waren Tadschiken und andere Nicht-Russen, die vielleicht in Israel lebten. Ich weiß es nicht so genau. Sie sprachen zwar Russisch, aber waren keine Russen und keine Israelis. Von Ägypten sind wir dann illegal durch die Wüste nach Israel gebracht worden.«

Bei diesen Schlepper-, Fälscher- und sonstigen Handlanger-Tätigkeiten ist meist »nur« der klassische Tatbestand des Menschenschmuggels oder der Beihilfe dazu erfüllt. Zu Menschenhändlern werden die Täter erst dann, wenn die brutale sexuelle Ausbeutung beginnt.

Korrupte Polizei in Osteuropa

Natürlich ist in den Ländern Ost- und Südosteuropas Menschenhandel ebenfalls ein Verbrechen. Aber nichtsdestotrotz ein blühendes Business. Denn auch die Polizei drückt oft ein Auge zu und gewährt Schutz und Deckung. Bei einem durchschnittlichen osteuropäischen Monatsgehalt von umgerechnet zwischen 100 und 400 Dollar und einem meist fehlenden Wertesystem ist die Versuchung für einen Polizisten groß, die Hand aufzuhalten und mitzuverdienen am Geschäft des Zuhälters, des Mittelsmanns, des Rekrutierers. Da ist leicht das Fünffache des Gehalts noch mal drin. Oft werden auch geplante Razzien einfach vorher verraten: ein entscheidender Tipp an den Zuhälter und er bringt seine Mädchen in Sicherheit oder lässt nur die im Laden zurück, die er ohnehin loswerden will, weil sie in seinen Augen zu quengelig sind oder »Heulsusen«, die sich einfach nicht abfinden wollen mit ihrem Schicksal. So ist es für beide Beteiligten ein zynisches Win-Win-Geschäft: Der Zuhälter ist die unliebsame »Ware« los, der Polizist verbucht einen Erfolg bei der Razzia. Maria, die Frau aus Moldawien, die in dem Bordell am deutschen KFOR-Kasernenstandort in Mazedonien zur Prostitution gezwungen wurde, erinnert sich: »Jedes Bordell kennt Polizisten. Jeder Zuhälter weiß, wann die Polizei kommt, um eine Razzia zu machen. Und wenn sie dich holen, dann wirst du eben weiterverkauft in einen anderen Club. Nach Hause kommst du jedenfalls nicht.« Korrupte osteuropäische Polizisten lassen sich oft auch in Naturalien von einem Bordellbetreiber bezahlen, d.h. sie können als Freier im Bordell ein- und ausgehen.

Weil die gehandelten Frauen ja im Bilde sind über die enge Verknüpfung zwischen Zuhälter und Polizei in Osteuropa[4], werden sie sich hüten, bei dieser Polizei Zuflucht zu suchen – sie würden keine Hilfe finden. Weil sie es aus Osteuropa nicht anders kennen, denken sie automatisch, auch im Westen muss die Polizei korrupt sein. Eine teuflische Situation, wenn es dann zum Beispiel in Deutschland zu Razzien kommt. Die deutsche Polizei und die Hilfsorganisationen können ein Lied davon singen, wie schwer es ist, das Vertrauen der Frauen zu gewinnen und sie zu Aussagen zu bewegen.

In vielen Ländern Ost- und Südosteuropas ist Prostitution illegal. Doch es gibt sie trotzdem, und die Polizei verdient kräftig mit. In St. Petersburg beispielsweise patrouilliert die Polizei mit ihren Jeeps ganz offen auf dem Strich, den es offiziell nicht gibt, und kassiert die Prostituierten ab. Die Polizisten machen sich nicht einmal die Mühe, die Geld-Transaktionen zu verbergen. Das Geld wird von den Frauen an Straßenkreuzungen und Kiosks übergeben und in den Jeep hineingereicht. Russische Hilfsorganisationen beklagen die Ignoranz der russischen Polizei. Doch Prostitution ist ein gutes Zusatzgeschäft für die Polizisten, und »Zwangsprostitution« – so etwas gibt es in deren Augen gar nicht. Wenn überhaupt, dann wird sie als Kavaliersdelikt gesehen. Wie gesagt:

alles ganz »normal« im Rahmen eines Koordinatensystems, in dem der einzelne Mensch eben nicht viel zählt und eine Frau in der Prostitution ganz automatisch als Sexspielzeug »abgetan« wird. Traurig genug, wenn es dann auch im rein polizeilichen Umfeld zu ungeheuerlichen Entgleisungen kommt, wie sie Jolana erleben musste, die tschechische Frau, die nun anonym bei Solwodi lebt. Sie wurde in die Slowakei abgeschoben, weil man sie für eine slowakische Prostituierte hielt: »In der Slowakei, wo ich da eingeschlossen wurde in der Zelle, wurde ich von zwei Polizisten zweimal vergewaltigt, Ich hoffe, meine Tochter hat nichts davon mitgekriegt. Ich hoffe, dass sie sich nicht erinnert und ich werde ihr auch nie erzählen, was passiert ist.«

Und wie sieht es in Deutschland aus mit Polizeikorruption und Menschenhandel? Es bleibt nur zu hoffen, dass die beunruhigenden Beobachtungen, die die ehemalige Zwangsprostituierte Jana in Deutschland machte[5], rare Ausnahmen sind: »In ***, wo ich zuerst in einem Bordell arbeitete, war das kein Problem. Denn Razzien sind höchstens einmal im Jahr und werden vorher extra angekündigt. Hier schaut die Polizei weg … Hin und wieder kam es vor, dass ein Freier von den Frauen bestohlen wurde. Rief dieser die Polizei, geschah Folgendes: Einer der ›Mitarbeiter‹ des Bordells ging kurz zum Polizeifahrzeug, sprach mit den Beamten und das Fahrzeug fuhr wieder ab. Sollte die Polizei nicht besser mit dem Anrufer und der Beschuldigten sprechen? Aber wen wundert es. Der Polizeichef von *** war Stammkunde in den Bordellen. Das kann ich bezeugen. Ich habe ihn regelmäßig gesehen.«

Strafe für die Täter?

Menschenhandel ist strafbar. Selbstverständlich gibt es also Menschenhandelsprozesse in Deutschland. Und auch verurteilte Täter. Dennoch mutet es bitter an, dass die Strafen für die Täter oft zu milde ausfallen, also sich eher am mittleren bis unteren Ende des zur Verfügung stehenden Strafspektrums orientieren.[6] Das liegt sicher auch daran, dass Täter oft geständig sind, was ihnen meist auch von ihren Verteidigern geraten wird, eben weil ein Geständnis in jedem Fall strafmildernd wirkt – auch wenn der Täter dann nur so weit gesteht, wie es die Beweise und Zeuginnenaussagen ohnehin ergeben hätten. Den Tätern wird des Weiteren oft zugute gehalten, dass sie aus einem sozial problematischen Umfeld kommen – eben aus jenem oben angesprochenen »anderen Koordinatensystem«. Auf der anderen Seite haben es die Frauen, die sich mutig dazu entschlossen haben, als Zeuginnen gegen ihren Peiniger auszusagen oder in der Nebenklage ihre Rechte durchzusetzen, nicht einfach im Prozess. Zumal der Verteidiger der Täter immer gern die »Glaubwürdigkeits-Karte« gegen sie auszuspielen versucht, d.h. er bemüht sich, das Klischee von der durchtriebenen Prostituierten zu bedienen, sie zu belasten und ihre Aussagen und ihre Seriosität zu demontieren. Oft kommen dann so genannte »Deals« zustande – man einigt sich auf ein mittleres Strafmaß, weil vielleicht weder die demontierende Täterseite noch die erneut traumatisierte Opferseite den ultimativen, alle Zweifel zerstreuenden Beweis erbringen kann.

Ob vorzeitige Deals oder durchgezogene Verurteilungen – der verurteilte Täter kann laut deutschem Gesetz an empfindlicher Stelle getroffen werden: an seinem Geldbeutel. Sein Vermögen kann eingezogen werden, die bestehenden Gesetze legen sogar die Beweislast, dass sein Geld nicht rechtswidrig erworben wurde, aufseiten des Täters. Dennoch wird von der Möglichkeit dieser Gewinnabschöpfung leider viel zu wenig Gebrauch gemacht. Denn auch wenn ein Gericht die Gewinnabschöpfung des Menschenhändlers anordnet – die Polizei muss das durchsetzen, und Polizei ist Ländersache, d.h. die tatsächliche Durchführung fällt höchst unterschiedlich aus oder wird gar nicht erst umgesetzt. Dabei könnte dieses abgeschöpfte Geld, nachdem es an den Staat gefallen ist, gerade wieder den Opfern zugute kommen: wenn schon nicht der konkreten Nebenklägerin im Einzelfall, so doch der Hilfsorganisation, die hier nachhaltige Arbeit leistet, indem sie eine nebenklagende Opferzeugin auf ihrem teuren, mutigen und langen Weg durch die Instanzen nicht nur psychosozial begleitet, sondern sie dabei auch finanziell unterstützt.

Männer, die als Freier zu Prostituierten gehen, müssen wissen, wohin sie ihr Geld tragen: möglicherweise mitten hinein in infame Organisierte Kriminalität. Sie müssen wissen, dass sie damit möglicherweise schwersten Menschenhandel finanzieren und dass es sich bei den Frauen und Mädchen, deren Dienste sie kaufen, möglicherweise um zerbrochene oder zerbrechende Menschen handelt. Menschen wie die bulgarische Schülerin Daniela, die mit 14 bei einer Razzia in Luxemburg aufgegriffen wurde – schwanger von einem ihrer Kunden – und dann zurück nach Bulgarien abgeschoben wurde, wo sie ihr Kind gebar und zur Adoption freigab. Sie hatte ein Jahr lang – von ihrem dreizehnten Lebensjahr an – die Straßenstriche Westeuropas kennen gelernt und es nicht gewagt zu fliehen: »Einer meiner Freier in Belgien verliebte sich ein bisschen und wollte, dass ich weglaufe und zu ihm komme. Ich hatte schreckliche Angst, denn mein Zuhälter hatte mir eingebläut: ›Wenn du wegläufst, finde ich dich, wo immer du auch bist, ich kenne ganz Belgien, ich finde dich!‹ Ich hatte große Angst. Trotzdem hab ich mit dem Gedanken gespielt, abzuhauen. Aber ein anderes Mädchen hat meine Pläne verraten. Am Abend holte mich mein türkischer Zuhälter, brachte mich ins Appartement und ich habe schreckliche Schläge einstecken müssen. Er und sein Vetter haben mich zusammengeschlagen und sagten, das darf nicht noch mal passieren, sonst verkaufen sie mich an einen viel schlimmeren Zuhälter. Ich hab dann nicht mehr mit diesem Kunden gesprochen, sondern bin weggelaufen, wenn er kam.«

Die Freier

Inge Bell

Der Freier – das unbekannte Wesen

Der Freier – das unbenannte Wesen:
Problematik eines Begriffs

Hier wird es um Männer gehen, die Sex kaufen. Männer, die Kunden sind bei Prostituierten – auch bei Zwangsprostituierten.

»Freier« nennen wir diese Männer in der Umgangssprache, in den Medien. Ein Begriff, der griffig ist für journalistisches Texten, ein Begriff, bei dem es in den Köpfen »klick« macht und jeder sofort weiß, was gemeint ist. »Freier« – diesen Begriff gebraucht die Medienwelt gern. Dabei ist er so problematisch. Er hat keinen negativen Beigeschmack, klingt eher verwegen, nach Held und Eroberung, klingt nach »frei« und nach »freien« – also nach dem altmodischen, mittelhochdeutschen Begriff für Brautwerbung und Heiraten, eben »auf Freiersfüßen gehen«. Dabei ist »Freier sein« in der Lebenswelt keineswegs eine gesellschaftlich akzeptierte Tätigkeit, nichts, was ein Mann stolz vor sich hertragen könnte. Heimlichkeit, Anonymität und Angst vor der Schande sind die ständigen Begleiter dieser Männer, denn nichts fürchten sie mehr, als entdeckt und identifiziert zu werden, womöglich noch von den Ehefrauen daheim. »Freier« sind lichtscheue Wesen und würden sich auch im normalen Alltag niemals als Freier bezeichnen oder sich von diesem Wort angesprochen fühlen. »Freier« sind diese Männer immer nur für einen Moment. Doch dazu später.

Einen neuen, knackigen, vermittelbaren Begriff zu finden, sollte hier die Herausforderung der Zukunft sein. Denn die bisherigen Bezeichnungen, die Nichtregierungsorganisationen oder Strafverfolgungsbehörden in politisch-korrekter Absicht benutzen, sind keine Alternative, wenn man die Aufmerksamkeit der Öffentlichkeit erreichen will. Die umständlichen Definitionen »Käufer von sexuellen Dienstleistungen«, »Käufer von sexuellen Dienstleistungen, die erzwungen sein können« oder einfach der Begriff »Prostitutionskunden« klingen spröde, steril und abstrakt. Denn auch zu dem Begriff »Kunde« assoziiert man unfreiwillig den positiven Kontext. Der Kunde ist König, nach ihm hat es zu gehen, nach ihm hat sich die Prostituierte gefälligst zu richten, denn sie ist ja nur die »Hure«, die »Nutte« und wird schließlich dafür bezahlt, die Ansprüche des Kunden zu befriedigen.

Im Folgenden soll also zunächst mangels Alternative, aber in vollem Bewusstsein der Problematik, weiterhin der Begriff »Freier« verwendet werden. So lange, bis ein besseres, ein angemesseneres Wort gefunden ist.[7]

Der Freier – das unbekannte Wesen

Kennen Sie einen Freier? Nein, natürlich nicht. Wenn Sie an die Männer in Ihrem Bekannten- und Freundeskreis denken und sich ihre Gesichter und Lebensumstände vor Augen führen, ist da sicher keiner dabei. »Niemals würde XY das tun, hat der doch gar nicht nötig«, denken Sie vielleicht. »Gute Ehe, gelungene Kinder, erfolgreich im Job – der im Bordell? Absurd!« Wenn Sie ein Mann sind: Sind Sie etwa selbst ein Freier? Nein, natürlich nicht. Was für eine Frage. »Wäre ich einer«, denken Sie vielleicht, »würde ich dieses Buch doch gar nicht lesen. Warum auch sein Geld ins Bordell tragen, wo man so viel Verantwortungsvolleres und Ehrenhafteres damit tun kann? Zum Beispiel an Hilfsorganisationen spenden ...« Spaß beiseite – Tatsache ist: Mehr als eine Million Männer gehen täglich in Deutschland zu einer Prostituierten. Nach Schätzungen der Prostituiertenvereinigung Hydra e.V. gibt es in Deutschland rund 12 Millionen Freier. Jeder dritte Mann in Deutschland nimmt regelmäßig die Dienste einer Prostituierten in Anspruch. Die Wahrscheinlichkeit ist also groß, dass Sie mehrere Freier im Bekanntenkreis haben oder – sofern Sie ein Mann sind –, selbst ein Freier sind. Die Wahrscheinlichkeit ist groß, dass bei geschätzten 200 000 Zwangsprostituierten, die pro Jahr nach Westeuropa kommen und davon 30 000 allein nach Deutschland, die Freier aus Ihrem Bekanntenkreis es unwissentlich oder wissentlich mit Frauen zu tun hatten oder haben werden, die diesen Job nicht freiwillig machen. Diesen Tatsachen muss man ins Auge blicken.

Der Freier – das unerforschte Wesen

Obwohl der Markt riesig und lukrativ ist und weiterhin boomt – bei geschätzten 12 Millionen Freiern und 400 000 Prostituierten in Deutschland werden rund 6 Milliarden Euro Umsatz pro Jahr erwirtschaftet –, gibt es keine echten »Marktanalysen« und entsprechend kaum Untersuchungen zum Käuferverhalten. Warum gehen manche Männer zu Prostituierten? Warum gehen wieder andere nicht? Wer sind die Freier? Wissen sie, ob sie eine Zwangsprostituierte vor sich haben? Können sie es erkennen? Wollen sie es wahrhaben? Kann man Freier sensibilisieren? Oder gar »therapieren«? Das sind Fragen, die auch dieses Buch nicht befriedigend beantworten kann, weil es zu wenig Freier-Forschung gibt. Die Sexualwissenschaften in Forschung und Lehre fristen an deutschen Universitäten ein Dasein als Mauerblümchen, anders als zum Beispiel in den USA. Es müsste gewollt werden, dass man sich mit dem Sexualverhalten der deutschen Frauen und Männer systematisch und interdisziplinär beschäftigt. Die Disziplin der so genannten »Männer-Ärzte«, die sich ähnlich wie Gynäkologen auf die besonderen physiologischen Eigenheiten von Männern spezialisieren, ist erst eine brandneue und keineswegs weit verbreitete Erscheinung, wenngleich sie an Befürwortern gewinnt. In unserem Land, in dem uns an jeder Straßenecke und in jedem Medium die Themen Sex, Erotik, Trieb und Gewalt geradezu unausweichlich anspringen, steckt echte interdisziplinäre Forschung ebenso wie der Wille und der staatliche Auftrag dazu in den Kinderschuhen. Erst durch das im letzten Jahrzehnt zunehmende Phänomen »Menschenhandel« gibt es nun einige zaghafte Ansätze mancher Nichtregierungsorganisation im kirchlichen wie nicht-kirchlichen Bereich, sich einmal näher mit dem Freier zu befassen, seine Motivation zu untersuchen oder an seine Verantwortung zu appellieren. Doch auch diese wenigen Menschen, die sich mit Forschung und Studien zum Thema »Freier« befassen, haben es außerordentlich schwer, an ihre Studienobjekte, die Freier, persönlich heranzukommen, um sie zu befragen. Denn wie bereits gesagt: Der Freier ist ein lichtscheues Wesen. Nichts fürchtet er mehr als die Identifikation.

Der Freier – das unterschätzte Wesen

Ein Freier ist keine Randerscheinung der Gesellschaft. Er ist ihr Teil und Produkt. So wie die Gruppe der Freier zahlenmäßig und zahlungsmäßig nicht unterschätzt werden sollte, sollte man auch nicht ihre gesellschaftliche Stellung und ihren Bildungsgrad unterschätzen. Das Klischee vom hässlichen, vereinsamten oder tumben Mann, der sonst keine »abkriegt« und deshalb zu Prostituierten geht oder gehen muss, stimmt nicht. Der Durchschnitts-Freier ist auch kein Perverser, der seinen Kick in Gewaltpraktiken mit Kindern oder schwangeren Frauen sucht oder der ganz bewusst und gezielt Zwangsprostituierte missbraucht. Sicher, diese Gruppen gibt es, aber sie machen nur einen ganz kleinen Prozentsatz der Freier aus. Von Prostituierten-Verbänden, durch vereinzelte Studien und von Medienberichten weiß man es schon länger: Freier sind Männer aus allen Altersklassen, aus allen Gesellschafts-, Berufs- und Bildungsschichten. Es sind Männer von nebenan. Männer, wie Sie sie kennen. Auch Männer, die Sie kennen. Von Otto Normalverbraucher bis hin zum prominenten Fernsehmoderator, vom Kfz-Gesellen bis zum Professor, vom Lastwagenfahrer bis zum Politiker. Nicht selten haben pubertierende Jungs ihre erste sexuelle Erfahrung mit einer Prostituierten oder wollen es irgendwann einmal mit einer ausprobieren. Examensfeiernde Studenten landen oft zu fortgeschrittener Stunde im Bordell. Geschäftsleute besiegeln ihre erfolgreichen Abschlüsse im Nobel-Club – Damenbetreuung inklusive. Das einsame Hotelzimmer während der Geschäftsreise mutiert für kurze Zeit zum Stundenhotel durch die Dienste einer vom Portier diskret vermittelten Prostituierten.

Es ist kein Klischee, sondern durchweg von Clubbetreibern, Zuhältern und Prostituierten bestätigtes Faktum, dass vor den großen Familienfeiertagen, vor Ostern, aber vor allem vor Weihnachten und Silvester, die Straßenstriche, Stundenhotels und Bordelle Hochkonjunktur haben. Dass es vor allem die braven Bürger, Ehemänner und Familienväter sind, die noch schnell den Zampano spielen wollen, bevor es auf Tage und Wochen in die vermeintliche familiäre Enge geht.

Interessant ist, dass in anderen Ländern schon durch die umgangssprachliche Bezeichnung für »Freier« klar ist, dass es sich in der Mehrzahl um Männer quer durch den Bevölkerungsdurchschnitt handelt. Auf Englisch ist das Wort für Freier »John« – nach dem gebräuchlichsten Vornamen. In Polen ist es »Anton«.

Der Freier – das vernetzte Wesen

Auch wenn man noch viel zu wenig weiß über die Freier, im Verlauf des letzten Jahrzehnts ist eine geradezu revolutionäre Plattform herangereift, die in Freier-Fragen der wissenschaftlichen Erforschung noch viel nützen wird und bei journalistischen Recherchen sowie polizeilichen Ermittlungen bereits nicht mehr wegzudenken ist: das Internet. Hier ist der Freier direkt anzutreffen, anonym zwar, mit Decknamen, aber höchstpersönlich. Er ist fassbar, greifbar, ansprechbar in so genannten »Freier-Foren«. Foren im Internet – das sind virtuelle Räume, in denen sich die Internet-User treffen und direkt miteinander über ein bestimmtes Thema »chatten«, also sich miteinander schriftlich unterhalten, über Bildschirm und Tastatur vom stillen Kämmerlein aus, ohne einander zu kennen. In den Freier-Foren tauschen hunderte, ja tausende Freier Informationen aus. Sie schreiben unter Decknamen über ihre Erfahrungen mit den Frauen und Mädchen in Bordellen oder auf den Straßenstrichen, sie suchen Tipps und Insiderwissen über neue, gute, billige Locations und Frauen. Das kann den jeweiligen regionalen Einzugsbereich rund um den deutschen Wohnort des Freiers betreffen, aber auch überregionale Bedeutung haben. So gibt es einschlägige Foren, die sich nur mit der tschechischen Bordell- und Straßenstrich-Szene gleich hinter der deutsch-tschechischen Grenze befassen. Andere Freier-Foren wiederum bedienen das gesamte osteuropäische Einzugsgebiet. Hier tauschen sich Freier aus über die Bordelle und Straßenstriche vom Baltikum über die GUS-Republiken bis hin zum Balkan. Das ist interessant für geschäftsreisende Freier oder für Freier, die gezielt auf Prostitutionstourismus gehen.

Eine große Rolle spielen auch die Foren zur Sex-Szene in Thailand und zu anderen südostasiatischen Sextourismus-Zielen. Wurden früher noch auf billigem Papier gedruckte Bücher mit Tipps zu asiatischen Clubs und Massagesalons heimlich unterm Ladentisch von Sex-Shops verkauft, so hat das Internet diesem Medium mittlerweile den Rang abgelaufen. Die Informationen kommen einfach schneller, dem Markt entsprechend, der ja auch rasch fluktuiert. Eine thailändische oder osteuropäische Prostituierte im Club X, die heute noch empfohlen wird, ist morgen möglicherweise schon nicht mehr da. Vielleicht ist sie bei einer Razzia entdeckt und abgeschoben worden, vielleicht ist sie weiterverkauft worden, vielleicht hat sie sich umgebracht. Die Freier wissen als Erste, welches »Angebot« noch vor Ort ist und welche Frau schon nicht mehr, und »posten«, also schreiben es ins Internet-Forum, und so wissen alle anderen Interessenten schnell Bescheid.

Nicht alle Forums-Besucher sind aktiv, d.h. treten schreibend in Erscheinung. Viele beobachten nur und »greifen« die Tipps ab. Das wird zwar von den aktiv schreibenden Freiern nicht so gern gesehen, ist aber Fakt. Und bisweilen wird irgendwann aus einem lange beobachtenden Freier sogar ein aktiv schreibender.

Die Freier-Foren im Internet können auch zum Raum für Diskussionen werden. Wirft zum Beispiel jemand den Themenpunkt Zwangsprostitution oder Kinderpornographie in den Ring, kann es durchaus wertvolle und teilweise verantwortungsvolle Reaktionen geben wie: »Ich gehe zwar zu Prostituierten, aber ein Kind ficken? Niemals! Das sind doch Schweine, die so was tun, die würde ich sofort anzeigen.« Freier-Foren sind kein rechtsfreier Raum – im Gegenteil: Foren-Verantwortliche kümmern sich darum, dass nichts Rechtswidriges »gepostet« wird. So sind zum Beispiel Tipps zu Kinderprostitution und -pornographie nicht zu bekommen und werden auch kaum direkt angefragt. Denn es tummeln sich durchaus auch polizeiliche Ermittler in den Foren, und jemand, der allzu offensichtlich nachfragt, wird von so manch misstrauischem Freier gleich mit der Frage konfrontiert, ob er denn von der Polizei, dem BKA oder LKA sei. Und nach deutschem Recht darf ein Ermittler dann nicht lügen ...

Freier sind also durchaus auch auf der Hut bei dem, was sie schreiben. Dennoch bleibt genug Information über die Szene übrig, Information, die sich für ungeübte Besucher dieser Foren sehr zynisch und menschenverachtend liest, noch dazu in einer Diktion, die oft genug zynisch und menschenverachtend ist. Es hat sich ja in der Internet-Kommunikation ohnehin eingebürgert, flapsig, umgangssprachlich, teils vulgär zu schreiben. Potenziert findet sich diese Diktion dann allerdings in den Freier- oder Pornographie-Foren, wo es um die Verbalisierung von sexuellen Aktivitäten geht, für die auch ein Durchschnittsmensch kaum normale Worte hat, weil bei uns in dieser Hinsicht ja von klein auf eine pädagogische Wüste, um nicht zu sagen Verklemmung, kultiviert wird. Statt Sprachlosigkeit hat sich in den Freier-Foren eine Art Soziolekt herausgebildet, also eine Art »Fachsprache« der sozialen Gruppe der Freier. So enthemmt reden wie sie hier schreiben – das tun Freier in »freier Wildbahn« nicht.

In freier Wildbahn – Freier in Aktion

Einblicke ins Gewerbe – der klassische Bordellbesucher

»Hallo Leute, gestern habe ich einen kleinen Abstecher in den Non-Stop-Klub G. in M. gemacht. In dieser Ecke war ich noch nicht und so habe ich mir mal die Zeit genommen. Es handelt sich bei dem Club um eine größere Baracke. Kommt man durch die Eingangstür, schon steht man direkt im Clubraum. Unangenehm, wenn man genau gegenüber der Tür sitzt und bei jedem Öffnen derselben ein kalter Luftschwall einen frösteln lässt. Besetzung mit drei Mädchen nicht gerade berauschend, für Freunde der in der oberen Punktskala angesiedelten Girls ist nichts dabei. Ein absoluter Hungerhaken aus Moldawien, das vollkommene Gegenteil aus der Ukraine, also mollig, und eine etwas besser aussehende Bulgarin. Da ich nun in dem kalten Luftzug saß, etwas fröstelte und mir der Sinn auch mal nach etwas mehr Umfang war, habe ich mich für das mollige Modell entschieden. Auf dem Sofa erst etwas Schmusen mit Zungenküssen und Fummeln, dann ging es aufs Zimmer. Dusche über den Gang, ein Handtuch in der Größe eines A3-Blattes. Ihrer Herkunft entsprechend war auch die Aktion, Einzelheiten will ich keine nennen, halt normaler Ukraine-Durchschnitt. Was mich aber störte, sie löschte das Licht gegen meinen ausdrücklichen Wunsch. Ich wieder angemacht, sie nach fünf Minuten wieder ausgemacht. Eigentlich hätte man da schon gehen sollen, aber ich wollte ja noch etwas Weißliches dalassen und so haben wir es eben im Dunklen getrieben. Beim Gehen habe ich dann für den Mädchendrink zehn Euro zahlen müssen, obwohl mir der Preis von dem Mädchen vorher mit sechs Euro benannt wurde. Der Barmann und gleichzeitig Chef erklärte mir dann, dass es zwei verschiedene Drinks gibt und das Mädchen eben den zehn Euro-Drink hatte. Was sollte ich mich da streiten. Mein Wasser kam auf ein Euro, die halbe Stunde Zimmer 40 Euro und eine Stunde 80 Euro. Fazit: wieder mal einen anderen Club gesehen, aber bestimmt keine Wiederholung geplant.«

Dieser bayerische Freier mit dem Decknamen »Eisberg« ist ein routinierter Bordellbesucher und aktiver Schreiber in einem der Freier-Foren zur tschechisch-bayerischen Grenzregion. Sein »Posting«, also sein Bericht im Forum, könnte stellvertretend stehen für die Einstellung der meisten Freier, die zu Prostituierten gehen. Die Frau soll bitte funktionieren, nicht aufmucken. Sie hat schon mal nichts zu melden. Licht aus, Licht an, Licht aus, der Frau aus der Ukraine ist es offensichtlich peinlich, Sex bei Licht zu machen.[8] Dem Freier aber sind verschämte Bedürfnisse oder peinliche Gefühle herzlich egal. Im Falle der Ukrainerin besteht er auf Licht, hat aber nach dem zweiten Durchlauf Licht-an-Licht-aus eine gnädige Anwandlung, weil er ja noch »was Weißliches dalassen will«, also sein Sperma. Letztlich geht er aber als unzufriedener Kunde (»der Herkunft entsprechend«, »Ukraine-Durchschnitt«), zumal er sich auch noch vom Betreiber abgezockt fühlt. In diesen Club will er also nicht noch mal. Ob die Frau aus der Ukraine oder die anderen Frauen in dem Club Zwangsprostituierte waren, wird man nie erfahren. Der Freier sieht in der Ukrainerin nur das »mollige Modell« (nicht Model, sondern Ding), das den Zweck zu erfüllen hat, für den es schließlich bezahlt wird: »Eisbergs« Befriedigung. Ob sie von dem Geld, das er bezahlt hat, je etwas abkriegt, ob der »Hungerhaken«, das moldawische Mädchen, genug zu essen bekommt oder ob sie vielleicht durch Essensentzug gefügig gemacht werden soll, oder ob die Bulgarin legal in dem Bordell arbeitet – darüber macht sich »Eisberg« keine Gedanken. So wie die meisten Freier! Eine Frau ist für sie Mittel zum Zweck, Dienstleistung, Objekt, Funktion, Sex-Spielzeug – und erst ganz zuletzt Mensch.

Der Mythos von der »warmen Osteuropäerin«

»Hallo an alle! Ich bin Peter und eher durch Zufall auf dieses Forum gestoßen. Ich war auf der Suche nach einem guten Club, in dem man auch ein bisschen feiern kann, anstatt nur schnell bumsen. Seit ein paar Jahren bin ich regelmäßig im Raum Cheb/Asch unterwegs und gestern machte ich Halt im ehemaligen Club C. zwischen H. und F. Früher war dieser Club mit zwei Frauen aus Tschechien besetzt und zu meiner Überraschung fand ich diesmal dort zehn Mädchen aus der Ukraine vor. Alle Mädchen waren schlank, hatten Kleidergröße 34 bis 36, eine Größe 40 bis 42. Ich entschied mich für 60 Minuten mit Tanja, einer sehr schlanken Frau mit super Po und endlos langen Beinen. Sie hielt das, was ihr Körper versprach. GFS vom Feinsten.«

Auch Peter ist ein ganz typischer Freier osteuropäischer Frauen. Die Abkürzung »GFS« steht für »Girlfriendsex«, also Sex wie mit der eigenen Freundin: Zungenküsse, Streicheln, Haare kraulen, Massieren, Sex ohne Kondom, Nähe, Wärme, Kuscheln... GFS scheint das Schlüsselwort in der Freier-Psychologie zu sein. Ein Qualitätsmerkmal und offenbar eine unglaubliche Marktlücke im deutschen Profi-Gewerbe. Denn deutsche Freier scheinen einhellig der Meinung zu sein: Nur Osteuropäerinnen sind heute noch warm, herzlich und hingebungsvoll. Im Gegensatz zu ihnen seien die »knallharten« deutschen Profi-Prostituierten abgebrüht und teuer, die Nummern sachlich, schnell und steril. Tatsächlich werden beziehungsähnliche Liebesbezeugungen wie Küsse auf den Mund von den meisten professionellen Prostituierten in Deutschland von vornherein abgelehnt – so wie auch der Wunsch nach »ohne Kondom«. Ein Freier mit Decknamen »Traveller« schreibt über einen Club in Nordrhein-Westfalen:

»Hab vor einigen Tagen mal wieder das P. besucht. Hatte da früher, als noch die süßen Moldawierinnen da waren, sehr gute Erfahrung gemacht, super GFS. Doch wurde ich letztes Mal, vor ca. drei Monaten, sehr enttäuscht. Die M., die früher immer sehr gut war, es auch ohne Kondom machte, bot mir einen so schlechten Service, dass ich eigentlich nicht mehr hin wollte. Ich dachte, sie sei mal eine gute tschechische Zigeunerin. Jetzt ist sie wie alle anderen. Mein Eindruck ist, dass das P. zum Abzockerschuppen wird. Alles schnell, duschen alleine, bei einer halben Stunde nur einmal Geschlechtsverkehr.«

GFS, Wärme, Sich-Zeit-Lassen: Frauen aus Osteuropa sind eine breite Projektionsfläche für die Wünsche deutscher Freier, je weiter östlich ihr Herkunftsland, desto besser – Garantie für besseren »Service«. Selbst Tschechinnen, die noch Mitte der 90er-Jahre bei deutschen Freiern einen guten Ruf hatten – entsprechend dem Klischee »warme Osteuropäerin« –, werden jetzt oft abqualifiziert. Ein Freier mit dem Decknamen »Geheimrat« beurteilt im Gespräch mit dem Freier »Lehrer« zum Beispiel eine Frau im Bordell so: »Habe den Eindruck, dass sie sehr abgebrüht ist, trotz ihrer Jugend. Gute Action mit ihr dürfte schwierig werden, sie wirkte auf mich zu cool, ist wohl auch 'ne Tschechin. Ukrainische Mädchen sind eben meistens doch besser.«

Freier wollen das Gefühl der Überlegenheit haben, das Gefühl, zu entdecken, zu erobern, Neuland zu betreten. Eine unbeholfene Osteuropäerin, die womöglich gerade frisch eingetroffen ist, kein Deutsch spricht, ganz offensichtlich kein Profi ist, weil sie die ganze Palette an »GFS« bietet, nicht wissend, was sonst der Standard sein mag, die vielleicht auch noch prüde oder verschämt ist und auf getrenntes Duschen oder gelöschtes Licht besteht – das sind die Kicks, die Freier suchen. Für möglichst wenig Geld natürlich. Auch der junge deutsche Freier »Manni« fuhr über die tschechische Grenze bei Furth im Wald, um mal eben billig zu tanken, eine Stange Zigaretten zu kaufen und zum Abschluss ein Bordell zu besuchen:

»Nach ca. zehn Minuten entschloss ich mich dann für – sorry, weiß den Namen nicht mehr genau, glaube Natalia –, es war die mit dem Handtuch und sie sah am jüngsten aus. Die anderen Mädchen gingen, nachdem ich meine Auswahl getroffen hatte, aus dem Raum. Natalia setzte sich neben mich und wir unterhielten uns ca. fünf Minuten so gut es ging. Sie ist Russin und laut ihrer Aussage seit zwei Monaten in Tschechien. Sie wirkte null Prozent professionell, das fand ich schon mal gut. Vom Preis für Sex, find ich, ist es auch okay, 60 Teuro für 30 Minuten, 80 Teuro dann für eine Stunde. Zuerst das Geschäftliche, 80 Euro übergeben, sie bringt das Geld weg. Nach zwei Minuten ist sie wieder da, dann duschen. Sie seifte mich genauso toll ein, wie es meine Freundinnen auch machen. In dem Moment dachte ich, wenn der Rest auch so abgeht, das wäre cool. Wir legten uns aufs Bett, und dann kam ein Vorspiel, wie ich es echt nur von zu Hause kenne. (Anm.: Jetzt folgt eine detaillierte, mehrere Seiten lange Beschreibung der gesamten Dienstleistung – das sei hier ausgespart). Das, was mir geboten wurde, war wirklich 100 Prozent das, wie ich mir eine Stunde echten Girlfriendsex vorstelle. Dann gongte es im Zimmer, na ja, eine Stunde rum. Ich war dann ca. fünf Minuten über der Zeit, aber von ihr aus keine Hektik. Ab diesem Moment glaubte ich, dass sie tatsächlich erst zwei Monate in Tschechien ist. Auf jeden Fall ist sie unprofessionell, macht keinerlei Fallen oder Tricks, um den Mann zum Abspritzen zu bringen ... Ich gab ihr auf dem Zimmer einen Fünf-Euro-Schein als kleines Dankeschön. Sie legte diesen auf das Kästchen, versteckte ihn aber dann doch ein wenig.«

Der Freier »Manni« registriert sehr wohl, dass das Mädchen sein Trinkgeld versteckt. Warum, darüber macht er sich keine Gedanken. Das andere Geld hat sie schon weggebracht, zum Zuhälter oder zur Puffmutter. Vermutlich wird sie nicht viel davon sehen, aber das Trinkgeld, das will sie behalten. Deshalb muss sie es verstecken, damit es ihr die Chefs nicht abnehmen. »Manni« spürt das intuitiv, aber er denkt nicht weiter.

Er denkt nicht daran, dass das neue Mädchen aus Russland, die null prozentige professionelle Prostituierte, möglicherweise in einem Zwangsverhältnis gefangen gehalten wird, dass sie vielleicht eine von Hunderttausenden weißen Sklavinnen ist.

Die Freier und der Zwang: Was kriegen Männer mit und was wollen sie wahrhaben?

Freier wie »Manni«, »Eisberg« und »Peter« hätten es besser wissen können. Sie haben in ihren Postings mögliche Anzeichen für Zwangsprostitution beschrieben: die Frau aus der Ukraine, die das Licht aus haben will und ansonsten »nur Durchschnitt« ist, das neue Mädchen aus Russland, das sein Trinkgeld versteckt und »null Prozent professionell« ist und die Fluktuation von Dutzenden Ukrainerinnen und Moldawierinnen. All das hätte den Männern zu denken geben können – wenn sie weitergedacht hätten. Aber das »Nicht-Weiterdenken« und das »Prostituierte-grundsätzlich-für-durchtrieben-Halten«, also sie nicht ernst nehmen, gepaart mit der oben genannten Bedienmentalität (Prostituierte als funktionierendes »Sex-Spielzeug«) – das ergibt eine Geisteshaltung, die den meisten Freiern einen Riegel vor den gesunden Menschenverstand schiebt. Noch dazu, wo die Lust auf Sex das Denkvermögen des Mannes ohnehin einschränkt, sobald er sich in ein prostitutives Umfeld begibt.

»Auf dem Zimmer gab es nach getrenntem Duschen eine eher durchschnittliche Nummer, irgendwie war sie im Bett nicht der Bringer. Das Mädchen sollte mal einen Motivationskurs für Huren besuchen. Ich hielt es einfach für Naivität und dachte nicht weiter drüber nach.« (Freier »Lehrer«)

Die meisten Freier würden sich also gar keine Gedanken darüber machen, ob die Frau, die sie für Sex-Dienstleistungen kaufen, den Job »freiwillig« macht. Seltsame Begleitumstände oder Indizien, die bei einem nüchtern denkenden und über Menschenhandel auch nur rudimentär informierten Menschen sogleich Alarmglocken schrillen lassen würden, werden übersehen oder in Kauf genommen:

»Der Club V hat trotz gegenteiliger Behauptung immer noch bzw. wieder geöffnet. Allerdings nicht mehr so sehr gut erkennbar, da Leuchtreklame und rote Lämpchen abmontiert sind. Laut Betreiber gab es wohl Probleme mit der Stadtverwaltung. Trotzdem ist dort geöffnet. Aktuelle Besetzung: 1 x CZ/UNG 19 Jahre, groß und gut gebaut (5); 1x SLO/UNG 18 Jahre, klein und zierlich (7–8).«[9]

Die Tarnung des Clubs, angebliche Probleme mit der Stadtverwaltung – das sind für Freier »Freund« offenbar keine Anzeichen dafür, dass mit dem Club wirklich etwas nicht stimmt. Selbst wenn eine Frau in Zwangsprostitution ihren Freier um Hilfe anfleht, was selten geschieht, denn meist ist die Angst zu groß, dass der Freier mit dem Zuhälter oder der Puffmutter unter einer Decke steckt oder sie »verpfeifen« würde, selbst dann wird sie meist nicht ernst genommen, ihr Flehen verpufft.[10] Denn da sie ja in den Augen des Freiers »nur« eine Prostituierte ist, also per se mit allen Wassern gewaschen und abgefeimt, könnte sie dem Freier ja das Blaue vom Himmel herunter lügen, um sich um diese und jene Dienstleistung zu drücken oder mehr Trinkgeld zu bekommen.

Ein Freier erzählte einmal von einem tanzenden slawischen Mädchen in einem Puff. Sie hatte einen riesigen blauen Fleck auf dem Bauch. Der Freier und seine Kumpels machten sogar Scherze: »Na, was hat die denn da? Hat der Zuhälter sie wohl vermöbelt, weil sie nicht gespurt hat ...« Aber keiner von ihnen sei auf die Idee gekommen, das Mädchen tatsächlich zu fragen oder diesem Gedanken Taten folgen zu lassen. Der Mann, der heute kein Freier mehr ist, weiß mittlerweile viel über Menschenhandel und Zwangsprostitution und macht sich heute noch Vorwürfe wegen seiner gedankenlosen, ja menschenverachtenden Reaktion.

Freier »Alex« ist Stammkunde in einem Club. Im Internet schreibt er: »Die Tänzerinnen auf der Bühne sehen immer noch aus wie Hühner auf der Stange. Keine Profis, ganz klar. Die Frauen sind überwiegend attraktiv, Ukraine, Moldawien, ein paar Tschechinnen. Wer GFS mag, ist dort genau richtig. Früher trugen die Mädels Nummern von 1 bis ca. 25, und das bei fünf Zimmern!! Inzwischen ist es ruhiger, noch 8 bis 10 Mädels da.«

Und dann schreibt er: »Nach Wechsel des Besitzers ist das Klima laut der Frauen etwas besser geworden. Vorher muss es dort die Hölle gewesen sein.« Was für eine Gedankenlosigkeit! Obwohl »Alex« Stammkunde ist, war ihm vorher, als es die »Hölle« gewesen sein muss, gar nicht aufgefallen, dass etwas nicht stimmt. Würde er jetzt weiterdenken, müsste er sich fragen, ob ihm die Mädchen überhaupt die Wahrheit über das jetzige Klima sagen. Denn wenn er früher schon nichts mitbekommen hat, als es doch angeblich die Hölle war und die Mädchen damals sich nicht zu offenbaren wagten, wieso sollten die jetzigen Neuen ihm dann die Wahrheit sagen? Doch so weit denkt »Alex« nicht.

Freier sind Freier immer nur für einen Moment – für die

kurze Episode im Bordell, im Auto, im Stundenhotel. Sobald der Freier sein Stündchen hinter sich hat, ist das Erlebnis meist für ihn total abgeschlossen, Geschichte. Eine Kurzweil – und kurzweilig ist auch die Erinnerung. Das erklärt zum Beispiel in Freier »Mannis« Bericht, dass er sich an den Namen der neuen Russin im Bordell gar nicht mehr erinnern kann, obwohl ihm das Erlebnis mit ihr eine seitenlange Beschreibung wert war. Auch Stammkunden einer Frau sind Freier nur in den einzelnen Momenten. Da gibt es dann keine »Geschichte«, die sich entwickelt, sondern in den meisten Fällen einzelne, in sich abgeschlossene Besuche bei der jeweiligen Lieblings-Prostituierten. Es sei denn, es entsteht eine Liebesgeschichte mit ernsthaften Absichten, doch dazu später.

Die Verantwortung der Freier

Die aufgeklärten Freier

Die meisten Freier wissen auch heute noch zu wenig über das Phänomen der Zwangsprostitution – so wie auch die breite Masse der Bevölkerung. Obwohl der Mechanismus des Menschenhandels und die Leiden der Opfer in den letzten Jahren immer öfter von Medien, Menschenrechtsorganisationen und Politikern aufgegriffen wurden, ist eine echte Aufklärung noch in weiter Ferne. Die meisten Freier von vorwiegend osteuropäischen Prostituierten scheinen nach wie vor zu denken: »Das betrifft mich nicht. Die, zu denen ich geh, machen das alles freiwillig.« Das Kopfkino ist stärker als die Realität. Der Wunsch nach GFS oder nach anderen, nicht einmal unbedingt perversen Sex-Praktiken, die der Mann aber zu Hause nicht bekommt oder anzusprechen wagt, ist stärker als der Gedanke, genau hinzusehen und nachzufragen. So werden Indizien einfach übersehen oder nicht weiter hinterfragt. Es gibt aber auch positive Beispiele, Freier, bei denen die Information über Zwangsprostitution und Menschenhandel auf fruchtbaren Boden gefallen ist. Freier wie Thomas, Stammkunde in der Bordellszene hinter der tschechischen Grenze:

»Ich weiß nicht, ob ich erkennen würde, dass es sich um Zwangsprostitution handelt. Die meisten Frauen, die ich in den Clubs kenne, sind aus Tschechien und arbeiten ›freiwillig‹ in den Clubs – wenn man denn angesichts der desolaten wirtschaftlichen Lage in Tschechien von Freiwilligkeit reden kann ... Ich habe je eine Frau aus der Ukraine und aus Moldawien näher kennen gelernt. Bei beiden war es sicher auch der ökonomische Zwang, der sie dazu brachte, sich in Tschechien zu prostituieren. Beide mussten jedoch viel zu viel Geld an ihre ›Schlepper‹ bezahlen, wussten aber bereits in ihrer Heimat, worauf sie sich einließen. Vielleicht nicht, wie schlimm so was sein kann. Würde ich den Verdacht auf Zwangsprostitution haben, würde ich versuchen, das Vertrauen des Mädchens zu gewinnen und ihr zu helfen. Gleichzeitig würde ich mich mit einer NGO (Non Government Organisation) in Verbindung setzen. Außerdem würde ich die Thematik im geschlossenen Internetforum zur Sprache bringen. Ich bin mir auch sehr sicher, dass der ›harte Kern‹ der Freier ähnlich handeln würde.«

Thomas ist ein Freier, der sich zwar seiner Verantwortung bewusst ist, aber bisher keine seiner Frauen im Bordell als Zwangsprostituierte identifizieren konnte oder wollte. Das mag auch nicht immer einfach sein angesichts der Tatsache, dass die meisten Zwangsprostituierten aus Angst vor Rache der Zuhälter auch auf Nachfrage der Kunden kaum zugeben würden, dass ihnen Gewalt angetan wird. Und obwohl Schlepper im Spiel waren und die Frauen das Geld abarbeiten mussten, verließ sich Thomas auf die Aussage der Frauen, dass sie schon vorher wussten, was sie würden tun müssen, nämlich im Bordell arbeiten. Dass das vielleicht schlimmer endete, als sie sich das anfangs vorstellten, diesen Gedanken lässt Thomas auch noch zu. Aber nicht den an Zwangsprostitution, denn dann müsste sich Thomas ja konsequenterweise eingestehen, dass er nicht nur Nutznießer ist, sondern sich zumindest moralisch an der Frau schuldig macht. Diesen Gedanken kann er noch nicht zulassen.

Tatsächlich ist »Vertrauen gewinnen«, wie Thomas schreibt, ein wesentlicher Faktor. Denn oft werden erst im Stammkunden-Verhältnis echte Geständnisse und Hilferufe wahrscheinlich. Aber sie werden nicht immer ernst genommen. Denn selbst wenn die Frauen sich ihren Stammkunden offenbaren, können Zweifel an der Aufrichtigkeit und die Grundannahme der »Durchtriebenheit« einer Frau in der Prostitution bei einem Freier überwiegen und ihn am Helfen hindern. Oder ganz einfach männliche Schwäche – wie bei diesem Freier auf Geschäftsreise:

»Als ich vor ein paar Jahren das erste Mal mit einem osteuropäischen Mädchen zusammen war, brachte der Zuhälter das Mädchen zu mir aufs Hotelzimmer. Ich erinnere mich daran, dass sie sehr nervös war und eine Zigarette rauchen musste, bevor sie überhaupt mit mir sprechen konnte. Ich sagte ihr, dass es okay sei, wenn sie nichts mit mir machen wollte, aber ich weiß nicht, ob sie mich verstanden hat. Ich fühle mich immer noch sehr schuldig, denn sie ging dann ins Bad, um zu duschen und sich auszuziehen. Und als sie wieder rauskam, da war ich zu schwach zu widerstehen, zu schwach, um sie zu bitten, sich wieder anzuziehen und noch ein wenig zu warten, bevor sie zu ihrem Zuhälter zurückging. Stattdessen nutzte ich die Situation aus und hatte Sex mit ihr. Kurz bevor sie ging, gab ich ihr noch zehn Dollar Trinkgeld und ich erinnere mich, wie ihr Gesicht aufleuchtete und wie sie lächelte. Sie freute sich so über zehn Dollar und das lässt mich noch trauriger werden. Ich weiß, ich habe dazu beigetragen, die Unschuld dieses Mädchens zu zerstören. Sie hatte mir auch gesagt, dass sie eigentlich als Musikerin arbeiten wollte, und sie heulte, als sie sagte, dass sie stattdessen in der Prostitution gelandet ist.«

Bei aller Naivität in der Masse und aller Skrupellosigkeit im Einzelfall, scheint die Mehrzahl der Freier dennoch helfen zu wollen, wenn sie die Zwangslage einer Frau erkennen, wenn sie Indizien wahrnehmen. Hier helfen Vorwissen und Aufklärung über Zwangsprostitution. Auch wenn dann Taten noch nicht unmittelbar folgen mögen:

»Ich war schon bei einigen Prostituierten, aber gestern habe ich etwas erlebt, das mich nachdenklich gestimmt hat und mir seitdem im Kopf herumspukt. Ich war in Dubi bei einer Prostituierten und sie war total durchgefroren und hat alles nur über sich ergehen lassen. Sie konnte nur sehr wenig Deutsch und hat dann versucht, mir ein paar ihrer Träume zu erzählen und dass sie gern einmal wieder eine Party besuchen würde. Diese ganzen Sachen trieben mich zu dem Schluss, dass sie da nicht freiwillig sein kann und dass bei all unserer Zivilisation die Verachtung und die Ausbeutung der Menschen untereinander immer schlimmer wird. Ich würde diesem Mädchen so gern helfen, aber die Luden finden das sicher weniger komisch.«

Dieser Freier mit Pseudonym »Foxy« ist schon einen Schritt weiter als der tumbe, ahnungslose Durchschnittsfreier, der nur die Funktion der Prostituierten sieht und nicht den

Menschen dahinter. Sicher, auch er gebraucht die Frau, obwohl sie durchgefroren ist und alles über sich ergehen lässt. Hilfe bietet er ihr trotz seiner vagen Ahnungen nicht an. Weiter weiß er momentan auch nicht – zu mulmig ist ihm vor den Zuhältern. Aber vielleicht ist bei ihm ein Denkprozess in Gang gekommen wie bei so vielen Freiern, wenn sie ihr theoretisches Vorwissen über Zwangsprostitution in der prostitutiven Praxis bestätigt finden. Auch Klaus, ein Freier aus Nordbayern, promovierter Akademiker, befindet sich schon in einem fortgeschrittenen Aufklärungsstadium. Er ist Stammkunde in einem tschechischen Bordell gleich hinter der Grenze. Seit Jahren fährt er hierher, um sich zu amüsieren, denn es ist billig. Doch auch ihm geht schon bald ein Licht auf. Er trifft Ekaterina. Im Internet bittet Klaus um Hilfe:

»Ekaterina war Lehrerin in der Ukraine, der Name und Heimatadresse sind mir bekannt, sie bekam für 2 000 Euro ein tschechisches Visum. Wahrscheinlich wurde sie mehrfach verkauft. Der große Hintermann scheint in der Slowakei zu sitzen. Ihr Visum ist am 14. Oktober abgelaufen. Es gab im Club schon mehrfach Polizeikontrollen, aber anscheinend ist das hervorragend organisiert. Wenn es ernst wird und Razzien drohen, werden die Mädchen ohne gültiges Visum per Taxi kurzfristig in das Restaurant des tschechischen Betreibers ausgelagert, bis wieder Ruhe an der Front herrscht. Jede Woche kommen Beauftragte der Hintermänner und kassieren bei ihr 100 Euro ab. Am vergangenen Sonntag habe ich die beiden jungen, saloppen Russen wieder gesehen. Sie waren mit einem creme-champagnerfarbenen Mercedes da. Das Kennzeichen habe ich aufgeschrieben. Ich habe schon zweimal den so genannten ›Club-Koller‹ miterlebt, wo Ekaterina einmal nackt vom Balkon und einmal aus dem Fenster springen wollte. Sicher hat sie auch Angst um ihre fünfjährige Tochter daheim, an der sich die Hintermänner rächen könnten. Leider glaube ich eben, dass die örtliche Polizei nicht der richtige Ansprechpartner ist, denn ich kann mir nicht erklären, wie man bei mehrmaliger Polizeipräsenz in der letzten Woche nichts findet und allein vier mir bekannte Damen, die Barfrau inklusive, ohne gültige Visa durchgegangen sind. Sie konnten nicht mehr rechtzeitig ausgelagert werden, aber sie kamen davon.«

Freier im Dilemma – helfen, aber wie?

Korruption ist bei vielen Polizisten in Osteuropa an der Tagesordnung. Nicht nur EU-Neuzugang Tschechien hat hier ein uneingestandenes Problem.[11] Niedrige Gehälter und ein zerfallenes Wertesystem machen es den reichen Zeitgenossen, den Zuhältern und Menschenhändlern, oft leicht, sich die Polizei zu kaufen. Deshalb würden Freier wie Klaus nie auf die Idee kommen, zur lokalen, mutmaßlich korrupten osteuropäischen Polizei zu gehen, um Menschenhandel anzuzeigen. Sie würden sich und der Frau einen Bärendienst erweisen, denn im Zweifelsfall geht der Polizist schnurstracks zu seinem Freund und Geldgeber, dem Zuhälter, und verpfeift die Komplizen, was für die Frau, die Verräterin, im besten Fall eine Tracht Prügel bedeuten würde und für den Freier, den vermeintlichen Helfer, Hausverbot. Wie gesagt: im besten Fall. Deshalb würden die meisten osteuropäischen Frauen, die bei uns in Deutschland zur Prostitution gezwungen werden, auch niemals auf die Idee kommen, Zuflucht bei der deutschen Polizei zu suchen, denn sie übertragen das korrupte System, das sie aus ihren Heimatländern kennen, auf Deutschland. Das macht es den Polizisten so schwer, bei einer Razzia das Vertrauen der Frauen zu gewinnen. Und darum ist die Zusammenarbeit von Polizei und Hilfsorganisationen so wichtig. In verschiedenen deutschen Bundesländern gibt es schon Kooperationsprojekte. Bei Polizei-Razzien gehen die Betreuerinnen der Hilfsorganisationen gleich mit in die Bordelle, um den total verängstigten Frauen erste Hilfe zu leisten, sie zu beruhigen, ihr Vertrauen zu gewinnen und ihnen klarzumachen: Ihr seid jetzt in Sicherheit. Doch auch die Hilfsorganisationen, die direkt mit Menschenhandelsopfern zu tun haben, kämpfen um ihre Existenz, sind oft personell unterbesetzt, unterfinanziert und mit Arbeit überlastet. Die Realität hinkt auch hier dem politischen Willen hinterher. Der Kampf gegen den Menschenhandel wird mittlerweile in Deutschland und der gesamten EU groß geschrieben, doch die Umsetzung hinkt.

Freier, die zwangsprostituierten Frauen wirklich helfen wollen, sehen sich oft im Dilemma. Zunächst einmal wollen sie um jeden Preis anonym bleiben, denn niemand, am allerwenigsten die Familie daheim, soll erfahren, dass der Mann »es nötig hat«, zu einer Prostituierten zu gehen. Was für eine Schande! Dabei wissen Freier viel. Sie könnten der Polizei im Falle einer Anzeige wertvolle Tipps und Hintergrundinformationen liefern. Aber das würde bedeuten, aus der Anonymität heraustreten zu müssen, vom passiven Konsumenten zum aktiv Handelnden zu werden, Anzeige zu erstatten, Aussagen zu machen, notfalls in einem Prozess als Zeuge aufzutreten: eine Konsequenz, die Offenheit bedeutet.

Auch vor der zweiten Hilfsmöglichkeit schrecken Freier oft zurück: vor den Fachberatungsstellen. Wenn sie denn überhaupt von deren Existenz wissen, herrschen oft wildeste Vorurteile über die »Emanzen-Vereine« und »Streetworker-Spinner«.[12] Dies sind vordergründige Klischee-Bezeichnungen, um die eigentliche Angst davor zu vertuschen, dass der Freier auch hier möglicherweise aus seiner Anonymität heraustreten und sich noch dazu vor Frauen die Blöße geben muss, einzugestehen, ein Freier zu sein – der Freier einer Zwangsprostituierten.

Doch immer wieder wenden sich Freier – meist anonym – an Fachberatungsstellen. Mit detailreichen Informationen über mögliche Zwangsprostituierte und innere Abläufe im Bordell oder mit der Bitte um Befreiung dieser oder jener Frau. Dass den Beratungsstellen meist die Hände gebunden sind, wenn sie nicht die Polizei einschalten können, dass die Sozialarbeiterinnen nicht einfach in das Bordell hineinspazieren können, um eine Frau herauszuholen, ist ihnen dabei nicht klar. Leider meinen viele Freier, die reine Information genüge als Hilfestellung.

Freier und Freikauf

Doch Freier befreien auch. Sie planen »Entführungen«, führen sie allein oder mithilfe von anderen Freiern durch oder sie kaufen Frauen frei. Auch von solchen Einzelfällen können die Fachberatungsstellen immer wieder berichten. Wobei die meisten Freikäufe wohl eher anonym passieren. So wie im Fall von Anna, einer jungen Lettin. Annas Freier »Johannes« war Stammkunde in einem Club hinter der tschechischen Grenze. Anna wurde im Frühjahr 2004 dorthin verkauft. Johannes verliebte sich in sie, ging nur noch zu ihr und gewann ihr Vertrauen. Er schrieb im Juni 2004:

»Sie macht den Job, wie ich jetzt erfahren habe, erst seit etwas über drei Monaten, aber ich kann bei jedem Treffen sehen, wie steil es mit ihr bergab geht. Es ist ein Pakt mit dem

Teufel – und ich glaube, es steckt extremer Zwang dahinter. Klar bekommt sie vom Zuhälter zu hören: Du kannst gehen, wann du willst, du musst mir nur 20 000 Euro Entschädigung zahlen. Es kam auch zu Androhungen, dass er andernfalls ja wüsste, wo ihre Familie wohnt. Fast hätte der Zuhälter nicht mehr zugelassen, dass ich sie buchen kann. Denn einmal, als ich sie gebucht habe, sind wir unerlaubterweise in die Disco gegangen. Auch ist rausgekommen, dass sie mich mal angerufen hat. Sie hat deswegen ein Riesentheater bekommen. Ein Treffen außerhalb ist momentan absolut unmöglich. Um überhaupt eine Kommunikation ohne Buchung zu ermöglichen, haben wir entschieden, dass ich ihr heute ein Handy kaufe. Sie hat ja keine Papiere und so ist es für sie fast unmöglich, am Zuhälter vorbei so was zu arrangieren.«

Johannes traf Anna weiter, den ganzen Sommer 2004 über. Zur Polizei wollte er nicht gehen, aus Angst davor, dass sein Mädchen dann abgeschoben würde, weil sie ja illegal da war. Johannes entschloss sich, sie freizukaufen. Im Sommer 2004 schrieb er:

»So, jetzt wird es wirklich heiß. Ich habe 20 000 Euro überwiesen. Der Zuhälter hat es nicht geglaubt, bis er gerade den Zahlungsbeleg gesehen hat. Der hat das bis zum Schluss für einen Scherz gehalten. Wenn das Geld heute noch ankommt, kann ich sie heute Abend abholen. Ansonsten braucht sie jetzt schon nicht mehr zu arbeiten und wir werden uns heute Abend sehen und wie zwei ganz normale Menschen ausgehen. Spätestens am Montag zieht sie bei mir ein, später suchen wir uns eine neue Wohnung. Ich komme mir vor wie in einem schlechten Film. Ich wünsche so eine Situation keinem.«

Seit jenem Tag im Sommer 2004 gibt es von Johannes und Anna keine Spur mehr. Es bleibt für beide zu hoffen, dass die Geschichte gut ausgegangen ist. Doch meist ist Freikauf nicht der richtige Weg, denn die Frauen geraten von einer Abhängigkeit in die nächste, abgesehen davon, dass die Zuhälter straffrei ausgehen. Meist sind die Frauen schwer misshandelt worden, haben Krankheiten, sind psychisch traumatisiert. Der neue Partner – der ehemalige Freier und vermeintliche Retter – weiß dann oft nichts anzufangen mit einer Frau, die plötzlich Heulattacken oder Bauchkrämpfe bekommt, weil Seele und Körper die erlittene Gewalt nicht aushalten. In den meisten Fällen scheitern solche Beziehungen mit abhängigen, schwer traumatisierten Frauen und wohlmeinenden, aber unwissenden und irgendwann ungeduldigen Freiern. Aber es gibt auch Ausnahmen. Jana, ein weißrussisches Mädchen, entkam der Zwangsprostitution durch Freikauf:

»Ich stamme ursprünglich aus der Nähe von Minsk (Weißrussland) und arbeitete ca. drei Jahre lang als Prostituierte – den größten Teil davon in Mecklenburg-Vorpommern. Wie bin ich zur Prostitution gekommen? Nein, ich wurde nicht entführt und vergewaltigt. Muss ich sagen ›leider‹? In diesem Fall hätte man mir vielleicht ohne zu zögern geholfen, schnell geholfen. Nun, ich war dumm, sehr, sehr dumm. Und selbst schuld. Ich tat es ja ›freiwillig‹. Glauben Sie mir eines: Kaum eine Prostituierte tut ihren Job gerne oder wirklich freiwillig. Und es gibt subtilere Methoden, jemanden zur Prostitution zu zwingen als körperliche Gewalt. Was mich betrifft, bin ich heil aus der Sache herausgekommen. Durch fremde Hilfe, denn mein jetziger Ehemann kaufte mich für die Summe von 8 000 Euro frei. Andere Frauen haben nicht so viel Glück. Denen hilft niemand ...[13] Ich sagte bereits: Was mich betrifft, bin ich heil aus der Sache herausgekommen. Ich bin glücklich verheiratet, habe einen guten Job gefunden und wir erwarten unser erstes Kind. Manchmal habe ich Alb-träume. Und hin und wieder überlegen wir, ob wir unserer Tochter irgendwann einmal erzählen werden, wie wir uns kennen gelernt haben. Mecklenburg-Vorpommern ist ein schönes Land. Eigentlich. Aber es gibt Momente, da habe ich einfach nur ein Würgen im Hals.«

Freier auf Friedensmission: deutsche Soldaten im Auslandseinsatz und Zwangsprostitution

Wo Heere sind, sind Huren – eine uralte Weisheit. Sie gilt bis heute. Wo viele Männer sind, und das ist in den Kriegs- und Krisengebieten überall auf der Welt der Fall, da gibt es ein Problem mit Prostitution und ein Problem mit Gewalt an Frauen. Der Menschenhandel blüht. Wir wissen um die ge-schändeten Frauen in Bosnien.[14] Wir wissen, dass Menschen-handel ein abscheuliches Geschäft ist, das nicht nur in den ehemaligen Kriegsgebieten auf dem Balkan blüht, sondern auch überall dort auf der Welt, wo internationale Truppen und internationale Hilfsorganisationen stationiert sind: in Bosnien, im Kosovo, in Mazedonien, in Somalia, in Afgha-nistan, im Irak und jetzt auch in Asien nach der Tsunami-Katastrophe. Überall, wo die staatliche oder öffentliche Ordnung zerstört ist, gibt es riesige Schlupflöcher für Men-schenhandel. Menschenrechtsorganisationen beklagen das Phänomen. Die Politik weiß um das Problem. Und dennoch wird viel totgeschwiegen.

Auch deutsche Soldaten sind im Auslandseinsatz. Auf dem Balkan, im Nahen Osten. Deutsche Soldaten sind ein Spiegel der deutschen Gesellschaft. Viele von ihnen sind Freier auf Friedensmission. Die folgende Geschichte zeigt das

Problem eines geduldeten Dilemmas. Es ist die Geschichte von Maria, einer Musiklehrerin aus Moldawien, die in die Fremde ging, um ihrem kleinen Mädchen eine bessere Zukunft zu geben. Es ist auch die Geschichte von vielen deutschen Soldaten, die in die Fremde gingen, um dort den Frieden zu sichern. Maria und die Soldaten begegneten sich dort, in der Fremde. In einem Bordell auf dem Balkan. Die Soldaten waren ihre Freier, Maria aber war nicht frei.

Marias kleine Tochter Lena war vier, als sie zusammen mit ihrer Mama nach Deutschland kam. Jetzt ist sie sieben. Sie ist ein braves Schulkind und macht Ballett wie fast alle ihre Freundinnen. Lena ist ein glückliches Kind in einer – wie es scheint – heilen Welt. Doch ihre Mama ging durch die Hölle. Jetzt leben beide ein friedliches Leben irgendwo in einer schwäbischen Kleinstadt – unter dem Schutz der Hilfsorganisation Solwodi. Lena darf nicht wissen, was ihrer Mama passiert ist, noch hat sie auch gar nicht gefragt und Maria muss sich keine Lügen zurechtlegen. Irgendwann aber wird Lena fragen, wieso sie überhaupt in Deutschland lebt, wo sie doch eigentlich in der Republik Moldova geboren ist, in Moldawien also, einer ehemaligen Sowjet-Republik. Und dann wird ihr Maria nicht die Wahrheit sagen. Maria wird ihrer Tochter nie erzählen, dass sie damals, im Sommer 2000, verschleppt wurde und als Hure für deutsche Soldaten auf dem Balkan endete, dass sie monatelang in einem Bordell in Mazedonien gefangen gehalten und zur Prostitution gezwungen wurde. »Die einheimischen Freier waren brutal«, sagt Maria tonlos, »aber die deutschen Soldaten waren okay. Die schlagen dich nicht, die sind anständig. Wir hatten jeden Tag ein bis zwei deutsche Soldaten, oder zwei bis drei. Die wurden streng kontrolliert. Wenn man sie ertappt hätte, wären sie bestraft worden.« Maria wird Lena nicht erzählen, wie naiv sie war, als sie sich Menschenhändlern anvertraute in der Hoffnung, im Ausland einen guten Job zu finden.

Marias Ehe war in die Brüche gegangen. Ihr Mann hatte die gemeinsame Eigentumswohnung in Moldawiens Hauptstadt Chisinau versoffen. Sie musste zu ihrer Mutter aufs Land ziehen. Maria war zwar ausgebildete Musiklehrerin, aber von 10 Dollar Monatslohn konnte sie ihre kleine Tochter nicht mehr durchbringen. Die Republik Moldova, wie das ex-sozialistische Moldawien offiziell heißt, ist eines der ärmsten Länder Europas. Die Menschen dort wollen nur eins: überleben, Geld verdienen. Und die Aussicht auf Arbeit im Ausland ist für sie wie eine Vorahnung des Paradieses. Maria erinnert sich: »Und so habe ich mich entschlossen, wegzugehen. Bin zu einer Vermittlerfirma, alles sah am Anfang ganz anständig und normal aus. Die Firma hatte keinen Namen, es stand nur dran: Reisen ins Ausland. In den Zeitungen steht ein Haufen solcher Firmen, verschiedenste Telefonnummern. »So, Sie wollen ins Ausland?« Dann legst du das Geld auf den Tisch und sie versprechen dir, damit die Formalitäten zu erledigen. Das war in Chisinau ... In Ungarn wurde mir dann gesagt, dass ich als Prostituierte verkauft worden bin. Bis dahin habe ich gedacht, ich werde normal arbeiten, normal zurückkehren. So hat man's mir gesagt. So hab ich's geglaubt.«

Maria war nicht allein, andere junge Frauen, die wie sie ihr Glück im Ausland suchten, waren mit von der Partie, als es für alle ein böses Erwachen gab aus dem süßen Traum vom goldenen Westen. In Ungarn, kurz vor der serbischen Grenze, wurden sie zusammengetrieben: Maria und die anderen jungen Moldawierinnen, aber auch junge Frauen und minderjährige Mädchen aus Rumänien, die mit anderen Menschenhändlern gekommen waren. Sie wurden umgruppiert und für den illegalen Transport nach Serbien vorbereitet. Vom

Westen war keine Rede mehr. Maria zittert, als sie sich erinnert: »Es war aus! Ich war in ihren Händen. Ich habe nicht verstanden, was der Mann wollte. Er war Serbe, patsch, eine Ohrfeige, patsch, noch eine, plötzlich ein Messer an meinem Hals. Ich war schockiert. Kannst du dir das vorstellen: nachts, ein Mann – wir, junge Frauen. Das war's. Gott behüte! Eine weint, sie schlagen dich, sind keine Menschen. Wir waren erst drei Mädchen, aber auf dem Weg habe ich hunderte Mädchen gesehen – hunderte Entführte, Gezwungene, Belogene, Geraubte. Wir waren ja keine Menschen für die, die sehen in dir ein oder zwei Kilo Kartoffeln, und genauso verkaufen sie dich!«

Es gab kein Zurück. Ob Maria schon auf dem Weg über die grüne Grenze vergewaltigt wurde oder erst jenseits der Donau, drüben in Serbien, spielt keine Rolle. Unzählige Vergewaltigungen sollten ihr noch bevorstehen. Auf der serbischen Seite angelangt wurden die Frauengrüppchen dann in einem Haus zusammengetrieben und »zwischengelagert«, bis sie auf einer Art Sklavenmarkt feilgeboten und verkauft werden sollten. Doch bis dahin wurden sie immer wieder gedemütigt, geprügelt, vergewaltigt – gebrochen eben. »Die haben das im Blut, dich zu kaufen, zu verkaufen, dich zum Narren zu halten, dich hungern zu lassen, so, als ob sie nicht von einer Mama geboren wurden, die sind schlimmer als Tiere, denn Tiere haben wenigstens ein Herz. Wie kann man nur Frauen so übel mitspielen, Frauen, die Kinder zu Hause haben? Du kannst 20 000 Kinder zu Hause haben, das interessiert die überhaupt nicht.« Irgendwann kamen dann Zuhälter aus allen Teilen Ex-Jugoslawiens in dem Haus zusammen, Serben, Albaner, Kosovaren, Mazedonier. Fleischbeschau: Die Mädchen mussten in BH und Slip antreten. Die Zuhälter feilschten dann je nach Schönheit und Narben um ihren Preis und nahmen die frischerworbene »Ware« mit in ihre Bordelle. Maria sollte es noch vergleichsweise gut treffen. Sie wurde von einem Mazedonier gekauft, einem Slawen also, keinem Albaner, von denen es hieß, sie seien besonders brutal. Der Zuhälter zahlte damals 4 000 Mark für sie. Im Sommer 2000 gab es noch keine Euro und die D-Mark war gängiges Zahlungsmittel auf dem Balkan. 4 000 Mark waren schon ein stolzer Preis für eine Zwangsprostituierte, aber Maria ist ja auch eine schöne Frau. Sie hat große braune Augen, blondes Haar, einen makellosen Teint und einen zierlichen Körper. Er nahm sie mit nach Mazedonien in sein Bordell in Tetovo. Dort waren zu der Zeit – im Sommer 2000 – die deutschen KFOR-Friedenstruppen für das angrenzende Kosovo stationiert, rund 1 000 Soldaten. Viele von ihnen wurden Marias Stammkunden. »Viele waren's. Zu viele. Jedes Mal kamen sie in Gruppen, wenn sie einmal kommen, kommen sie immer wieder. Stammkunden, aber natürlich auch neue Soldaten. Die gehen dahin, wo schon ihre Freunde waren, die, die schon wissen, wie es läuft. Die Soldaten hatten immer Angst vor der Polizei, das haben sie erzählt. In anderen Bordellen gab's viele Polizeikontrollen, bei uns nicht. Da waren sie natürlich zufrieden, weil sie ihre Ruhe hatten, eine Stunde, zwei bis drei Stunden lang Ruhe ohne Angst.«

Maria musste fünf Monate lang hunderte Male Männer über sich ergehen lassen, darunter viele deutsche KFOR-Soldaten. Immer wieder bettelte und flehte sie um Freilassung. Der Zuhälter versprach ihr, dass er sie gehen lassen würde, sobald sie ihren Einkaufspreis abgearbeitet hätte. Er hielt sich nicht daran, denn die 4 000 Mark waren recht schnell verdient mit den zahlungskräftigen deutschen Freiern auf Friedensmission. Er zwang Maria weiterzumachen. Sie führte genau Buch, wie viele Kunden sie hatte, notierte in einer

Geheimschrift, wie viel Geld der Zuhälter an ihr verdient hat: 15 000 Mark. Doch nur 400 Mark hat er ihr mit auf den Weg gegeben, als er sie endlich frei ließ kurz vor Weihnachten 2000. Maria hielt in ihrem Notizbuch nicht nur ihren gesamten Leidensweg fest, sondern – soweit möglich – auch die Handy-Nummern und Namen der Schlepper, Mittelsmänner und ihrer deutschen Kunden für den Fall, dass sie einmal einem vertrauenswürdigen Polizisten oder Staatsanwalt begegnen sollte, der ernsthaft ermitteln würde. Und das sollte schon bald geschehen.

Bis heute bestreitet das Bundesverteidigungsministerium vehement, dass deutsche Soldaten auf Kosovo-Friedensmission überhaupt in Bordelle gehen. Dem deutschen Soldaten sei die Waffe genug. Dabei hatte die ARD schon Ende 2000 aufgedeckt: Ja, deutsche KFOR-Soldaten auf Friedenseinsatz gehen in Bordelle, und sogar in solche, in denen junge Frauen und minderjährige Mädchen zur Prostitution gezwungen werden. Eine minderjährige Zwangsprostituierte und einer ihrer Stammkunden, ein deutscher Soldat, hatten sich damals der ARD gegenüber offenbart. Das Verteidigungsministerium kündigte daraufhin rückhaltlose Aufklärung an, doch halbherzige Befragungen der Soldaten, also in den eigenen Reihen, kamen zu diesem Ergebnis: »Es liegen keine Erkenntnisse über den Besuch von im Einsatz befindlichen deutschen Soldaten in Bordellen, Bars etc. vor.« (Zitat aus einer Stellungnahme des Bundesverteidigungsministeriums).

Wohl aus Angst vor Gesichtsverlust und davor, wie man Bordellbesuche den daheim gebliebenen Frauen und Freundinnen der Soldaten gegenüber rechtfertigen soll, wagt das Verteidigungsministerium keine echte Aufklärung. Was nicht sein kann, das nicht sein darf. Dem deutschen Soldaten ist die Waffe genug. Doch das Lügengebäude wankt. Denn Maria lebt seit drei Jahren mit ihrer kleinen Tochter Lena anonym in Deutschland. Die Hilfsorganisation Solwodi, die sich um Opfer von Zwangsprostitution kümmert, hat sie unter ihre Fittiche genommen. Und Maria hat sich nach langer Qual entschlossen, gegen ihre deutschen Freier auszusagen. Gegen Stammkunden, die sie nicht ernst nahmen, obwohl sie sie um Hilfe anflehte. Marias Fall ist aktenkundig bei zwei deutschen Staatsanwaltschaften. In Dresden und Lübeck hat man in jahrelangen, mühevollen Ermittlungen minuziös aufgeklärt, was in dem Bordell am deutschen Kasernenstandort Tetovo passierte und wie sich deutsche Soldaten mit Opfern von schwerstem Menschenhandel amüsierten. Andreas Feron, Oberstaatsanwalt in Dresden, ist von Marias Aussagen überzeugt: »Die Aussage der Zeugin ist als sehr glaubwürdig anzusehen, ihre Aussage ist von Detailreichtum geprägt und auch davon, zu differenzieren. Sie macht ja nicht nur zum Verhalten des Beschuldigten Angaben, sie hat sie auch zu anderen Freiern gemacht.«

Nur weil Maria ihr Notizbuch so genau geführt hat, konnten zumindest zwei ihrer Stammkunden ausfindig gemacht werden. Aus den Vernehmungsprotokollen der Soldaten wird sofort klar: Die Soldaten kamen gruppenweise in das Bordell in Tetovo, um sich zu amüsieren. Ein Soldat sagte: »Durch andere Soldaten meiner Einheit wurde ich dann aufgefordert, in unserer Freizeit mit in einen Club außerhalb von Tetovo zu fahren ... Meine Kumpels hatten schon ihre Frauen, die sie von anderen Besuchen kannten ... Von ihnen wusste ich, dass eine Stunde mit den Frauen 100 DM kostete. Das beinhaltete normalen Geschlechtsverkehr mit Kondom und Mundverkehr. Ich hatte noch zwei Flaschen Bier mit aufs Zimmer genommen.« Maria liegen diese Vernehmungsprotokolle des Soldaten vor. Sie erinnert sich: »Er hat gefragt, hast du das schon früher gemacht. Ich hab gesagt ›nein‹. Hab erzählt von Anfang an, wie das war, wie ich gekidnappt und hierher verkauft und verschleppt worden bin. Er war ganz verblüfft und sagte, Mensch, das ist ja interessant, wie kann denn so was passieren.« Doch der Soldat kann sich nicht erinnern: »Sie hat mir nie zu verstehen gegeben, dass sie mit mir keinen Geschlechtsverkehr durchführen will. Sie hat das weder durch Gesten noch durch Worte zu verstehen gegeben.« Maria weiß es besser: »Natürlich war das gefährlich, das zu sagen, aber ich hab's immer wieder gesagt. Ich wollte einfach Hilfe haben. Vielleicht wird mir ja einer von den vielen Soldaten, die da waren, helfen. Heute erzähl ich es dem, morgen einem anderen, vielleicht hilft irgendwann ja einer.« Der Soldat kann sich hingegen an andere Details erinnern:

»Beide sind wir dann duschen gegangen. Danach sind wir ins Zimmer zurück und es kam hier dazu, dass sie mir mit der Hand am Geschlechtsteil manipulierte. Dadurch wurde ich erregt und es kam zum vollendeten Geschlechtsverkehr.« Maria gehörte zu jenen tausenden Zwangsprostituierten, denen Freier keinen Glauben schenken. »Die Soldaten haben mir nicht geholfen. Sie haben mich schon bedauert, natürlich, oh, du Arme! Aber was war weiter? Alles nach Plan: Arbeit.« Gekaufte Befriedigung hinter Gittern. Alle Zimmerfenster waren nachweislich mit schweren Gitterstäben versehen, die Eingangstür des Bordells verschlossen, das Grundstück mit einem übermannshohen Sicherheitszaun umgeben. Wenn es zur Sache ging, wurden Freier und Frauen im Zimmer eingeschlossen, ein Gefängnis, das der Soldat nicht gesehen haben will. Zitat aus dem Vernehmungsprotokoll: »Ich habe nichts mitbekommen. Ich kann auch nicht sagen, ob an den Fenstern Gitter waren. Darauf habe ich nicht geachtet.« Maria kann darüber nur bitter lachen: »Natürlich haben sie's bemerkt. Die Soldaten hatten ja Angst, dass sie entdeckt werden, dass sie bei einer Polizeirazzia erwischt werden, also wenn sie reingekommen sind, haben sie gleich geschaut, wo kann ich fliehen, kann ich aus dem Fenster springen. Sie sind zum Fenster gegangen und haben die Vorhänge beiseite getan und ups!, da waren die Gitter.« Die Ermittlungen der Staatsanwaltschaften mussten allerdings eingestellt werden. Es konnte nicht zweifelsfrei nachgewiesen werden, was hinter verschlossenen Türen geschah, also ob die Beschuldigten gewusst und erkannt haben, dass Maria ein Opfer von schwerstem Menschenhandel war. Der Oberstaatsanwalt in Dresden bedauert, diesen Nachweis nicht führen zu können: »Das Verhalten des Soldaten ist insoweit sozialethisch zu missbilligen, als dass es ein kleiner Mosaikstein in dem Bereich ist, wo Menschen ganz brutal ausgebeutet werden.«

Maria macht in Deutschland eine Ausbildung. Sie spricht fließend Deutsch. Ihre jetzt siebenjährige Tochter spricht schon gar kein Russisch mehr und Deutsch mit schwäbischem Akzent. Maria hat keinen gesicherten Aufenthaltsstatus. Es kann sein, dass sie nach ihrer Ausbildung abgeschoben wird – zurück nach Moldawien. Das wäre der normale deutsche Rechtsweg. Doch um Maria Gerechtigkeit widerfahren zu lassen, bräuchte es echte Verantwortlichkeit auf allen Seiten der Gesellschaft.

Die Verantwortung der Freier und die Politik

Mittlerweile wird parteiübergreifend gefordert, die Bestrafung von Freiern ins Menschenhandelsgesetz aufzunehmen. Die CDU-Bundestagsabgeordnete Ute Granold wagte erstmals 2003 den Vorstoß. Wer leichtfertig nicht erkennt, dass er es mit einer Zwangsprostituierten zu tun hat, solle sich strafbar machen. Das beträfe dann alle Freier, »normale« Freier, aber auch KFOR-Soldaten auf Freiersfüßen. Das deutsche Menschenhandelsgesetz sieht keine Freierbestrafung vor, noch nicht. Doch spätestens seit dem Skandal um Michel Friedman im Sommer 2003 wird immer wieder über die Verantwortung der Freier diskutiert. Der prominente Fernsehmoderator hatte sich für Sex- und Drogenpartys Prostituierte bestellt, ohne genau hinzusehen. Dass seine Gespielinnen Zwangsprostituierte aus der Ukraine waren, will er nicht gewusst haben. So konnte er sich aus der Affäre ziehen – lediglich wegen Drogenbesitzes musste er sich verantworten. Das Ausnutzen der Notlage von Menschenhandelsopfern, die verschleppt, brutal misshandelt, ausgebeutet und zur Prostitution gezwungen wurden – ein Kavaliersdelikt. Friedman moderiert heute wieder. Der Vorstoß der Bundestagsabgeordneten Granold fiel genau in die Zeit des Friedman-Prozesses. Rückendeckung bekam sie schon bald aus München von Bayerns Justizministerin Beate Merk. Nun steht ein Gesetzesentwurf im Raum, der vorsieht, Freier unter Strafe zu stellen, wenn sie Anzeichen dafür, dass sie eine Zwangsprostituierte vor sich haben, auf die leichte Schulter nehmen.

Menschenhandel ist in den meisten Fällen Organisierte Kriminalität und immer ein verabscheuungswürdiges Verbrechen gegen die Menschenrechte. Freier, die zu Zwangsprostituierten gehen, ob wissentlich oder nicht, fördern kriminelle Strukturen. Sie sollten sich nicht nur ihrer Lust bewusst sein, sondern auch ihrer Verantwortung. Denn »Freier« – das mag nach »Kavalier« klingen, doch Zwangsprostitution ist kein Kavaliersdelikt.

Teufelskreis und Freikauf aus Sicht einer Ex-Zwangs- prostituierten[15]

Sehr geehrte Damen und Herren,
meinen Namen möchte ich nicht nennen. Ich denke, wenn Sie weiterlesen, haben Sie dafür vollstes Verständnis. Ich stamme ursprünglich aus der Nähe von Minsk (Weißrussland) und arbeitete ca. drei Jahre lang als Prostituierte. Den größten Teil davon in Mecklenburg-Vorpommern. Wie bin ich zur Prostitution gekommen? Nein, ich wurde nicht entführt und vergewaltigt. Muss ich sagen »leider«? In diesem Fall hätte man mir vielleicht ohne zu zögern geholfen. Schnell geholfen. Nun, ich war dumm. Sehr, sehr dumm. Und selbst schuld. Ich tat es ja »freiwillig«. Glauben Sie mir eines: Kaum eine Prostituierte tut ihren Job gerne oder wirklich freiwillig. Und es gibt subtilere Methoden, jemanden zur Prostitution zu zwingen. Was mich betrifft, bin ich heil aus der Sache herausgekommen. Durch fremde Hilfe, denn mein jetziger Ehemann kaufte mich für die Summe von 8 000 Euro frei. Andere Frauen haben nicht so viel Glück. Denen hilft niemand. Ich bin nicht so naiv zu glauben, man könnte Prostitution und Zuhälterei verhindern. Schließlich muss ich es ja wissen. Aber man könnte im Rahmen des Möglichen zu-

mindest versuchen, einen Großteil der Zwangsprostitution zu verhindern, wie sie fast immer mit ausländischen Prostituierten geschieht. Dabei ist es völlig egal, ob die Frauen physisch oder psychisch zur Prostitution gezwungen werden. Denn keine Frau, die dieser Arbeit scheinbar »freiwillig« nachgeht, kann einfach so aufhören. Und so entwickelt sich Mecklenburg-Vorpommern langsam aber sicher zum Mekka russischer, serbischer und bulgarischer Zuhälter unter den Augen einer korrupten Polizei. Denn jeder Zuhälter weiß eines: Er selbst und die ausländischen Prostituierten ohne Pass oder mit Touristenvisum können nur hier, in Mecklenburg-Vorpommern, ungestört arbeiten.

In Schleswig-Holstein zum Beispiel sind oft Kontrollen oder Razzien. Dort anzuschaffen wäre sehr gefährlich. In ***, wo ich zuerst in einem Bordell arbeitete, war das kein Problem. Denn Razzien sind höchstens einmal im Jahr und werden vorher extra angekündigt. Hier schaut die Polizei weg. Sie glauben es nicht? Lassen Sie einmal eine Frau mit osteuropäischem Akzent bei einem der *** Bordelle anrufen. Sie braucht nur zu sagen, woher sie kommt, dass sie dort arbeiten möchte, jedoch nur ein Touristenvisum hat. Ist die Antwort: »Wir sollten uns mal treffen« oder »Komm doch einfach mal vorbei«, heißt das »Ja«. Anderenfalls würden sie sofort verneinen. So wie in vielen Bordellen Schleswig-Holsteins. Mir wurde damals beim ersten Treffen versichert, die Kontrollen wären kein Problem. Das sei »alles geregelt«. Was soll ich sagen? Ich habe wirklich innerhalb von drei Jahren keine einzige Razzia erlebt. Wahrscheinlich überschnitten sich die Razzien immer exakt mit meinem Urlaub zu Hause. Zufälle gibt's ... Hin und wieder kam es vor, dass ein Freier von den Frauen bestohlen wurde. Rief dieser die Polizei, geschah Folgendes: Einer der »Mitarbeiter« des Bordells ging kurz zum Polizeifahrzeug, sprach mit den Beamten, und das Fahrzeug fuhr wieder ab. Sollte die Polizei nicht besser mit dem Anrufer und der Beschuldigten sprechen? Aber wen wundert es? Der Polizeichef von *** war Stammkunde in den Bordellen. Das kann ich bezeugen. Ich habe ihn regelmäßig gesehen. Die letzten zwei Jahre arbeitete ich nur noch in Wohnungen. Die gesamte Innenstadt von *** ist überzogen mit einem Netz von illegalen Wohnungsbordellen. Das sind einzelne Wohnungen oder aber ganze Häuser. Die meisten sind äußerlich in einem schäbigen Zustand. Bezogen werden die Wohnungen in der Regel von Paaren, sprich, einer Prostituierten und ihrem Zuhälter. Die Frauen arbeiten in den Wohnungen und inserieren wöchentlich in der Sparte »Kontaktanzeigen« der kostenlosen Zeitungen. Angegeben werden nur Handy-Nummern von Prepaid-Karten. Im Westteil von ***, wo ich arbeitete, befinden sich solche Wohnungsbordelle in fast jeder Straße. Es ist schon erstaunlich, dass die Polizei diese Wohnungen nicht zu kennen scheint. Dabei lässt es sich doch ganz einfach selbst herausfinden. Man nehme eines der kostenlosen Anzeigenblätter und rufe die dort abgedruckten Anzeigen an. Hier erfährt man die Adresse und den Preis. Einige der Prostituierten bieten, jeglicher Ansteckungsgefahr zum Trotz, Oralverkehr ohne Kondom für 30 Euro Aufpreis.

Wer ganz faul ist, bedient sich eines der bekannten Internetforen. Dort findet man für alle Städte eine nahezu komplette Liste der illegalen Wohnungsbordelle. Die Adressen werden ständig aktualisiert. Fast alle Frauen, die hier arbeiten, sowie deren Zuhälter kommen aus Staaten des ehemaligen Ostblocks und besitzen ein dreimonatiges Touristenvisum, welches grundsätzlich überzogen wird. Warum auch nicht, gibt es doch kaum Kontrollen. Viele halten sich hier seit Jahren auf, mal abgesehen von kurzen Besuchen im Hei-

matland. Krankenversicherung? Nachweispflicht der Geld-
mittel bei der Einreise? Ich wurde niemals danach gefragt.
Überwiegend erfolgt die Anreise mit dem Auto. So bekommt
man mit etwas Glück keinen Einreisestempel in Deutschland.
Und die Grenzpolizei in den Heimatländern drückt für 20
Euro beide Augen zu. Wem dies dennoch zu riskant ist, bedient sich der Ausländerbehörde in ***. Die Person, die die
Visa verkauft, ist sehr vorsichtig. Man braucht da gewisse
»Connections«. Ich selbst hätte die Möglichkeit gehabt, für
ca. 2 000 Euro ein so genanntes »Studentenvisum« zu bekommen. Damit gibt es dann überhaupt keine Probleme mehr. Ist
aber auch nicht notwendig. Ich kenne Frauen, die gar keinen
Pass besitzen und sich hier unter falschem Namen aufhalten.
Passiert ist noch nie etwas. Ich muss immer schmunzeln,
wenn ich in der Presse oder im Fernsehen das Wort »Über-
wachungsstaat« höre. Seien Sie unbesorgt. In *** sitzen die
Zuhälter seelenruhig in den Straßencafés und gehen mit ihren Handys unbekümmert ihren »Geschäftsbesprechungen«
nach. Die Cafés, aber auch die diversen griechischen und tür-
kischen Restaurants, sind sehr beliebt. Oft genug sitzen sie
hinter oder neben meinem Tisch und telefonieren in Serbisch
oder Bulgarisch in dem Glauben, niemand würde diese Sprache verstehen. Nun sind aber diese Sprachen dem Weißrussi-
schen oder Russischen noch so verwandt, dass ich zumindest
im Groben verstehen kann, worum es geht. Wohnungsanmie-
tungen, Geldgeschäfte, Visabeschaffungen bis hin zum Kauf
von Frauen. Kennen Sie den aktuellen Kaufpreis für eine
Frau? Gehen Sie einfach mal öfter Kaffee trinken! Sie brauchen dann allerdings einen Dolmetscher. Eine hübsche Weiß-
russin, Ukrainerin oder Bulgarin kostet zwischen 1 000 und
2 000 Euro. Ich bin mir nicht sicher, aber ich glaube, ein
Pferd ist teurer.

Was mich betrifft, bin ich heil aus der Sache herausgekommen. Ich bin glücklich verheiratet, habe einen guten Job gefunden und wir erwarten unser erstes Kind. Manchmal habe ich Albträume. Und hin und wieder überlegen wir, ob wir unserer Tochter irgendwann einmal erzählen werden, wie wir uns kennen gelernt haben. Mecklenburg-Vorpommern ist ein schönes Land. Eigentlich. Aber es gibt Momente, da habe ich einfach nur ein Würgen im Hals.

Mit freundlichen Grüßen

Jana D.

Das Engagement von Solwodi

Lea Ackermann

Wo alles begann: Entstehung und Entwicklung der Initiative Solwodi in Kenia

1985 berief mich meine Oberin nach Mombasa. Dies kam für mich völlig unerwartet, da ich mit meiner Arbeit als Referentin bei Missio München und einem Lehrauftrag an der Universität Eichstätt ausgefüllt war. Ruanda kannte ich, denn ich hatte dort Lehrerinnen ausgebildet, und nun Kenia. Ein neues Land, ein neuer Auftrag, eine neue Herausforderung – dachte ich und stimmte freudig zu.

Zwar war mein Englisch nicht perfekt, aber das würde sich durch die Übung schon geben und Kisuaheli wollte ich gerne noch lernen. Meine Aufgabe, Lehrerfortbildung, hingegen reizte mich nicht so sehr. Mombasa, das wusste ich, war eine Hochburg des Sextourismus. Dessen Folgen für Frauen hatte ich schon in Ruanda kennen gelernt. Statt Pädagogik zu unterrichten, hätte ich lieber Sozialarbeit für die schwarzen

Prostituierten geleistet, deren wirtschaftliche Not von weißen Touristen schamlos ausgenutzt wurde. Mit diesen missbrauchten Frauen und Mädchen wollte ich Zukunftsperspektiven entwickeln und alternative Verdienstmöglichkeiten finden, damit sie sich und ihre Kinder ernähren konnten, ohne sich prostituieren zu müssen.

Der erste Schritt war, Kisuaheli zu lernen, um für Begegnungen und Unterhaltungen fit zu sein oder wenigstens die Anfangsscheu gegenüber der Nonne aus Deutschland zu überwinden. Und so war es dann auch. Nach einem Monat Sprachstudium konnte ich zwar keine langen Reden halten, aber ich konnte Worte sagen wie »Guten Tag, wie geht es Ihnen?«, »Mein Name ist Lea« oder »Ich heiße Susanne«. Mein Radebrechen wurde von viel Gelächter begleitet. Das Eis schmolz schnell.

Diese ersten Gespräche, verbunden mit kleinen Einladungen zu einer Limo oder einem Bier, fanden in den Hotels statt, dort, wo auch die Touristen Bekanntschaft mit den Frauen machten.

Eine der ersten, zu denen ich Kontakt aufnahm, war Katharina. Eines Abends kam ich in das Restaurant »Istanbul«. Katharina saß allein an einem Tisch und ich fragte sie, ob ich mich zu ihr setzen dürfe. Sie willigte ein. Als ich anbot, sie einzuladen, sagte sie sofort: »Ich habe Hunger.« Ich bestellte für uns beide. Sie war erst 17 Jahre alt und mit ihrem dreijährigen Sohn von Nairobi, 500 km entfernt, nach Mombasa gekommen, um hier Geld zu verdienen. Nachdem sie gegessen hatte, unterhielten wir uns noch ein wenig, was wegen der lauten Musik sehr mühsam war. Wir vereinbarten einen Termin für den nächsten Tag im »Castel«, einem bekannten Restaurant und beliebten Treffpunkt mitten im Zentrum von Mombasa. Als ich mich verabschieden wollte, bemerkte ich ein sehr junges Mädchen im hinteren Teil vom »Istanbul«. Ich fragte Katharina: »Ist das Mädchen so alt wie Sie?« »Nein, ich bin 17, Maggi ist erst 14. Gestern hat sie ein Kind zur Welt gebracht und in der Toilette ertränkt.«

Mein Entsetzen war maßlos. Welch unerträgliches, leidvolles Dasein fristeten diese jungen Mädchen – diese Kinder!

Am nächsten Tag erschien Katharina pünktlich mit dem kleinen Maina im »Castel«. Wir gingen zu mir ins Kloster, um ungestört miteinander sprechen zu können. Von nun an war Katharina häufig mit Maina bei uns. Ich übertrug ihr kleine Aufgaben in unserem Haushalt und bezahlte sie dafür. Sie mietete ein Zimmer für sich und ihren Sohn, aber sie konnte nicht zur Schule oder zur Arbeit gehen ohne eine Aufsicht für den Dreijährigen. Ein neues Problem ...

Nach ein paar Tagen erzählte sie mir, dass sie ein Kindermädchen aus der Nachbarschaft gefunden habe. Wenn Katharina alle Arbeiten in unserem Kloster zuverlässig erledigte, konnte sie 80 DM im Monat verdienen. Das war 1986 in Kenia der übliche Lohn einer Haushaltshilfe, nicht gerade viel, aber genug zum Überleben – ohne Prostitution.

Eigentlich wollte ich keine Initiative oder gar eine Organisation gründen. Ich wollte wissen, wie es den Frauen und Mädchen in Not wirklich ging. Waren sie tatsächlich in einer so ausweglosen Lage, dass Prostitution als einzige Lösung blieb? Ich wollte erkunden, wie sie damit fertig wurden und wie ihr Umfeld darauf reagierte. Wie sahen die Prostituierten sich selbst, ihr Leben und ihren Überlebenskampf? Und wie wurden sie von anderen gesehen?

In Deutschland hatte man mir bei meinen gelegentlichen Vorträgen zum Thema »Sextourismus« häufig vorgehalten: »Ach, die Frauen machen das doch gerne und sie verdienen sogar viel dabei. Weil sie mehr Geld haben als andere Frauen, die putzen gehen oder auf dem Feld arbeiten, sind sie in der Gesellschaft akzeptierter.« Es wurde sogar behauptet, dass ich mir als Ordensfrau darüber ohnehin keine Meinung bilden könne.

Katharina war keine, die »es« gerne machte. Und reich war sie auch nicht – im Gegenteil. Meist hatte sie nicht mal Geld für Essen und erst recht nicht für die Miete. Ich steckte in einer Zwickmühle, denn ich konnte diese junge Frau doch nicht ausfragen und dann einfach so stehen lassen. Wenn ich nun auch noch mit ihrer Freundin Maggi Kontakt aufnahm, die bestimmt genauso hilflos, einsam und verzweifelt wie Katharina war – was sollte ich dann tun? Weder hatte ich die finanziellen Mittel noch ein Konzept für Sozialarbeit mit Prostituierten in Mombasa. Zudem war ich nach Kenia geschickt worden, um Lehrer und Lehrerinnen weiterzubilden.

Dieses Problem ließ sich leicht lösen. Sr. Margreth, eine Amerikanerin, sagte mir ganz offen, eigentlich brauche sie mich nicht. Sie hatte die Fortbildungsmaßnahme zusammen mit einem evangelischen Pastor und kenianischen Katecheten initiiert, mit dem Ziel, einheimische Lehrkräfte für den Religionsunterricht zu qualifizieren. Denn der stand zwar in den Lehrplänen der höheren Schulen, aber nicht auf dem Ausbildungsplan für Lehrer und Lehrerinnen. Das Kultusministerium in Nairobi hatte das Qualifizierungsprogramm genehmigt. Lehrpersonal, das diese dreijährige Zusatzausbildung machen wollte, wurde dafür 14 Tage pro Jahr freigestellt. Die Abschlussprüfung und das Diplom waren offiziell anerkannt. Meine Mitschwester und ihre Mitstreiter wollten ihr Projekt ganz in einheimische Hände legen – ich war da völlig überflüssig.

Erleichtert sprach ich mit meiner Provinzialoberin. Sie war damit einverstanden, dass ich Prostituierten wie Katharina und Maggi helfen wollte. Finanziell unterstützen konnte sie mich nicht, aber sie ließ mir die Freiheit, meinen eigenen Weg zu beschreiten.

Als ich zu meinem zweiten Einsatz nach Afrika berufen wurde, hatte ich in Deutschland Freunde und Freundinnen, die mich baten, postalisch mit ihnen in Verbindung zu bleiben. An diesen Freundeskreis wandte ich mich mit meiner Idee und der Bitte um Unterstützung. Es waren etwa hundert Briefe, die ich schrieb, jeden mit der Hand, denn ich besaß keine Schreibmaschine. Fast alle wurden positiv beantwortet. Das machte mir Mut – und brachte uns Geld.

Ich war als Ordensfrau nach Mombasa versetzt worden. Unsere kleine Gemeinschaft dort bestand aus sieben Schwestern, sieben Nationalitäten von vier Kontinenten: Goa, Kanada, Amerika, Holland, Iran, Zaire, Deutschland. In dieser bunten Gruppe fühlte ich mich aufgehoben. Meine Mitschwestern teilten solidarisch meine Sorgen. In dieser Runde wurde auch der Name »Solwodi« für meine Initiative geboren. Wir selber waren allerdings arm – wir hatten nicht einmal ein Auto.

Ich ging weiter in Hotels, Restaurants, Kontaktcafés und Nachtclubs. Die Frauen, die ich da traf, wollte ich auch zu Hause in ihrer gewohnten Umgebung besuchen, um sie besser kennen zu lernen. Diese Hausbesuche gestalteten sich sehr beschwerlich, denn die Frauen wohnten meist außerhalb des Zentrums, mühsam zu erreichen ohne PKW. Mit dem alten Fahrrad, das ich im Klosterkeller aufgestöbert hatte, kam ich nicht weit. Außerdem war es lebensgefährlich, in dem dichten Stadtverkehr und bei der großen Hitze zu radeln.

Und immer wieder Katharina! Sie war die Erste, die mich herausgefordert hatte, und sie blieb lange meine Herausforderung. Von ihr habe ich gelernt, dass Arme nicht *ein* Problem zu lösen haben, sondern hunderte. Täglich war sie – und damit auch ich – mit neuen Problemen konfrontiert.

Nur ein Beispiel: Einmal fiel Maina in eine tiefe Grube, weil sein Kindermädchen nicht richtig auf ihn Acht gegeben hatte. Verschiedene Helfer versuchten, ihn wieder herauszuholen, was ihnen erst nach vier Stunden gelang. Das Kindermädchen war selbst noch ein Kind: zehn Jahre alt. Katharina gab ihr täglich ein paar Pfennige. Weil sie für so wenig Geld auf Maina aufpasste, konnte sie nicht zur Schule gehen.

Fast alle Prostituierten hatten Kinder, die kaum beaufsichtigt wurden, und wenn, dann von anderen Kindern, ausschließlich Mädchen, die, statt Lesen und Schreiben zu lernen, zum Unterhalt ihrer Familien beitrugen. Ich wusste, Analphabetismus führt in die Prostitution. Eine Kindertagesstätte musste her! Dann würden auch die Mütter – meist selbst Analphabetinnen – beruhigt Kurse besuchen, eine Ausbildung machen und mit dem Anschaffen aufhören können.

Endlich ein eigenes Zentrum

Ein anderes Problem war der Raummangel. Im Kloster hatten wir nur wenig Platz. Die beiden Sprechzimmer belegte ich ständig, weil ich die Frauen, die sich länger und in Ruhe mit mir unterhalten wollten, immer zu uns einlud. Viele Prostituierte trauten sich auch gar nicht ins Kloster. Ich brauchte also eigene Räume: einen Frauen-Ort, ein Zentrum für Begegnung und Gespräche, Ausbildung und Arbeit. Die Journalistin Sibylle Plogstedt hat es einmal so formuliert – frei nach Virgina Woolf: »A room for one's own, a house for Solwodi.«

Mombasa ist eine überfüllte Stadt. Es ist schwer und sehr teuer, Räume anzumieten. Überall trug ich mein Anliegen vor: in Pfarreien, beim Jugendamt, dem Bürgermeister. Schließlich machte mich Bischof Kirima auf ein altes Lagerhaus in der Pfarrei Makupa aufmerksam. Lange war es als Schule benutzt worden. Aber weil es weder Türen noch Fenster hatte, jedoch Löcher im Dach, Risse in den Wänden und tiefe Krater im Boden, hatte man eine neue Schule nebenan gebaut und es leer stehen lassen. Der Bischof und die Pfarrei waren bereit, uns dieses beschädigte Gebäude kostenlos zur Verfügung zu stellen. Ich war glücklich. Obwohl es eigentlich keinen Grund dafür gab: Wir mussten das Dach erneuern, Fenster und Türen einsetzen, Risse und Krater auffüllen – alles ohne einen Pfennig Geld.

Ich betete ununterbrochen: »Lieber Gott, ich will deinen verlorenen Kindern helfen, nun lass du mich aber nicht im Stich.« Dieses Gebet ist auch heute – nach zwanzig Jahren – noch mein ständiger Begleiter. Es hat geholfen: Aus dem Nichts haben wir eine Initiative und aus der Initiative eine Organisation geschaffen. Trotzdem kam ich mir damals vor wie eine Ordensschwester, die nackt in der Wüste ausgesetzt wird, um dort ein Kloster zu errichten.

Zunächst galt es, auf Gott zu vertrauen und das unsere zu tun, indem wir selbst Hand anlegten. Der Platz rund um das Lagerhaus war mit Schutt übersät. Der musste weggeräumt und fortgeschafft werden. Das erledigte Katharina zusammen mit einigen anderen Frauen, die schon zu uns gehörten und mitmachen wollten beim Aufbau von Solwodi.

Dann trafen die ersten Briefe mit Spenden meiner Freundinnen und Freunde ein, allen voran meine Mutter, auf die ich immer zählen konnte, obwohl sie als Witwe nur ein kleines Einkommen hatte. Pater Professor Fritz Köster war ebenfalls unter den Unterstützern der ersten Stunde. Meine Mitschwestern halfen mir, wo immer sie konnten. Der Pfarrer der

Makupa-Pfarrei fungierte als unser Bau-Berater. Auch Bischof Kirima war uns zugetan, er bedauerte es sehr, dass er kein Geld für uns hatte. Anna, eine Sozialarbeiterin, Angestellte der evangelischen Kirche, bot mir ihre ehrenamtliche Mitarbeit an. Sie alle hatten begriffen, dass ich mich um eine Gruppe von Frauen und Mädchen kümmern wollte, für die bisher noch niemand gesorgt hatte.

Die Bauarbeiten gingen zügig voran und irgendwie war immer Geld da, um die Arbeiter und das Material zu bezahlen. Endlich hatten wir zwei wunderschöne große Räume mit Fenstern, einem neuen Dach, Türen und Sicherheitsgittern. Jetzt konnten wir uns der Ausstattung widmen. Einen Raum mit Wasser- und Stromanschluss richteten wir als Küche ein, mit Kühlschrank, zwei großen Tischen und Bänken, Waschbecken und Arbeitsflächen. Später kam ein Gefrierschrank hinzu. Wir kümmerten uns inzwischen schon um 20 Frauen. Bei unseren Treffen überlegten sie, was sie herstellen und verkaufen könnten: zum Beispiel Plätzchen, Brot und Eis. Den zweiten Raum mit großen Tischen wollten wir als Schneiderei einrichten. Schon bald konnten wir drei Nähmaschinen kaufen.

Nun feierten wir Eröffnung. Die Frauen hatten selbst das Programm gestaltet – als Überraschung für mich. Eine gelungene! Wie ich mich freute! Die Frauen hatten Lieder eingeübt und ein eigenes Theaterstück verfasst, das von ihrem Leben und ihren Zukunftsträumen erzählte. Ich hatte für Limo und Gebäck zu sorgen, mehr nicht. Auch die Gästeliste stellten die Frauen zusammen. Der Bischof war wohl unser prominentester Gast. Auch die Presse war da und es erschien ein ganzseitiger Artikel in der Zeitung. Lange habe ich auf die Journalistin eingeredet, um sie zu überzeugen, dass sie die Frauen in ihrem Artikel nicht verächtlich als »Huren« bezeichnet.

Unser Zentrum nannten wir Solwodi: Solidarity with women in distress – Solidarität mit Frauen in Not. Bis heute denke ich, dass für eine Frau die Not am größten ist, wenn sie sich gezwungen sieht, ihren Körper zu verkaufen. Und damit auch ihre Seele. Denn die wird immer mitangefasst – und oft tödlich verletzt.

Einige Zeit später richteten wir im Haus einer Polizeibeamtin zwei Zimmer und den Innenhof als Kindertagesstätte ein. Nachdem alles renoviert war, stellte die Polizistin fest, dass sie nicht vermieten durfte, weil es eine Beamtenwohnung war, für die sie selbst keine Miete bezahlte. Ich suchte weiter und fand einen Container, den wir in der Nähe unseres Zentrums aufstellten. Schwestern hatten ihn geschenkt bekommen, aber sie wussten nicht, wie sie ihn nutzen sollten. Gott sei Dank! Wir hatten endlich eine Kindertagesstätte.

Nun konnte ein geregelter Alltag beginnen. Morgens um acht gaben die Frauen ihre Kinder in der Tagesstätte ab und kamen ins Zentrum. Einerlei, was sie dort taten – an einem Alphabetisierungskurs teilnehmen, an einem Näh- oder Töpferkurs, Waren produzieren oder sie verkaufen – jede Stunde wurde gleich entlohnt. Alle Frauen hatten die Möglichkeit, für sieben Stunden am Tag bezahlt zu werden, vorausgesetzt, sie waren zuverlässig. Es wurden Anwesenheitslisten geführt. Wenn die Frauen regelmäßig und pünktlich erschienen, verdienten sie den Monatslohn einer Haushaltshilfe: etwa 80 DM. Alle Regeln wurden von den Frauen selbst aufgestellt. Sie passten auch auf, dass niemand bevorzugt oder benachteiligt wurde. Mittwochs hatten wir unseren Versammlungstag. Dann besprachen wir alle Ereignisse der vergangenen Woche und schmiedeten Zukunftspläne.

Einmal kam ich zu einem handfesten Krach dazu. Eine Frau beschimpfte eine zweite als »Hure«. Die beiden warfen sich gegenseitig Sexualpraktiken an den Kopf, die zu meiner Aufklärung beitrugen. Ich konnte es nicht fassen: Eine Prostituierte verachtete eine andere, weil die sich auch prostituierte, aber in der Gosse und nicht im Hotelbett.

Durch diesen und ähnliche Vorfälle wurde mir nach und nach klar, dass der Name Solwodi auf einem Missverständnis basierte. Als meine Mitschwestern und ich ihn wählten, dachten wir, die Frauen in der Prostitution säßen alle in einem Boot, wüssten um ihre schwierige Situation und wären darum solidarisch miteinander. Solidarität mit Prostituierten zu üben müssten nur noch die so genannten »Bürgerlichen« lernen. Dem war aber nicht so. Die Frauen im Zentrum hatten nur überlebt, weil sie Kämpferinnen waren – leider kämpften sie auch gegeneinander.

Wambuis Geschichte

Einigen allerdings war der Kampfgeist brutal ausgetrieben worden. Eines Tages kam eine Schwester der Gemeinschaft des Hl. Josef mit einer Frau und einem Baby von etwa acht Monaten zu mir. Die Frau wirkte total teilnahmslos. Dann, nach ein paar Tagen, erzählte sie mir ihre Geschichte.

Wambui, so hieß sie, wollte unbedingt zur Schule gehen und etwas lernen. Aber ihre Eltern konnten kein Schulgeld bezahlen. Ordensschwestern nahmen sie kostenlos in ihrer Primarschule auf. Als Gegenleistung half Wambui in ihrer Freizeit bei der Gartenarbeit. Die Primarschule schloss sie erfolgreich ab, mit so guten Ergebnissen, dass sich der Besuch einer Sekundarschule empfahl. Aber wie sollte Wambui das finanzieren? Da lernte sie »einen alten Mann« kennen, wie sie sagte, der beim Rundfunk arbeitete. Dafür, dass er ihr die

Schule bezahlte, musste sie mit ihm leben. Sie war 15, als sie von ihm schwanger wurde. Kurz vor der Geburt starb er bei einem Verkehrsunfall. Ihr erstes Kind brachte Wambui in einem Armen-Krankenhaus zur Welt. Als sie die Klinik verließ, mit einem Säugling im Arm und ohne einen Pfennig in der Tasche, sprach sie vor dem Kiosk an der Ecke ein Mann an. Von nun an verdiente sie ihr Geld als Prostituierte.

Wambui wurde noch dreimal schwanger. Der Vater ihres letzten Kindes war ein Taxifahrer und versprach, sie zu heiraten. Als sie nach der Geburt Geld für Nahrung von ihm verlangte, lachte er sie aus und sagte, sie benähme sich ja wie eine Ehefrau. Da stieg sie aus dem Taxi, griff sich einen Stein und warf ihn in die Rückscheibe des Wagens. Der Mann rächte sich, indem er sie als Prostituierte anzeigte. Prostitution ist in Kenia verboten, zumindest offiziell. Da Wambui kein Geld hatte, um die Strafe von umgerechnet 600 DM zu zahlen, musste sie zwei Monate ins Gefängnis. Für ihr Baby sorgte die Nachbarin. Die drei anderen Kinder, die Älteste war zwölf Jahre alt, schickte die Nachbarin mit dem Zug nach Nairobi zu Wambuis Schwester.

Nach dem Gefängnisaufenthalt brachte die St.-Josefs-Nonne diese völlig verstörte Frau zu uns. Sie konnte ihre Wohnung nicht beziehen, weil sie drei Monate mit der Miete im Rückstand war. Ich war mit ihr dort, aber die Tür war verschlossen, dahinter Wambuis gesamte Habe. Wieder einmal war ich in der Zwickmühle. Wenn ich für die Mietschulden aufkäme, wäre das eine Bevorzugung gegenüber den anderen Frauen. Außerdem hätten diese drei Monatsmieten mein gesamtes Kapital aufgezehrt. Stattdessen bot ich Wambui Arbeit in unserer Kindertagesstätte an. Dort aber kümmerte sie sich um nichts. Sie saß nur da und starrte vor sich hin. Wenn sie mal sprach, dann sagte sie, dass sie unbedingt nach Nairobi müsse, um ihre älteren Kinder zu holen. Da sie keine Wohnung hatte, schlief sie im Freien auf dem Dach eines Hauses. Doch dieser Platz war nicht sicher, wie sie glaubte. Was sich leider als wahr herausstellte.

Eines Morgens kam Wambui mit ihrem Baby und sah schrecklich aus, voller Blut, blauer Flecke und Kratzer. In der Nacht war sie von drei Männern vergewaltigt und schlimm zugerichtet worden. Ich brachte sie sofort ins Krankenhaus. Nach ihrer Entlassung gewährten ihr Ordensschwestern in einer Notwohnung Unterschlupf, aber nur für 14 Tage. Mir blieb nichts anders übrig, als nun doch in Vorlage zu treten, die älteren Kinder aus Nairobi zu holen und eine bezahlbare Wohnung zu mieten. Damit Wambui an ihre Habe konnte, zahlte ich zudem auch noch die ausstehende Miete für die alte Wohnung.

So war und blieb die Arbeit mit den Solwodi-Frauen voller Überraschungen, im Negativen wie im Positiven.

Um nicht täglich von neuen Frauen angefragt zu werden, führten wir den Mittwoch als Beratungstag ein. Wenn ich um acht Uhr die Tür aufschloss, warteten davor oft schon 50 Frauen auf mich. Ein junges Mädchen der ersten Stunde, Stella, hatte die Mittelschule abgeschlossen und half mir nun mit Übersetzungen bei der Beratungsarbeit.

Um den Frauen sinnvoll helfen zu können, nahmen wir nur diejenigen im Zentrum auf, die uns am hilfsbedürftigsten erschienen. Außerdem führten wir eine Kartei über alle, die zu uns kamen. Wir notierten ihre Namen, ihre Probleme und ihre Erwartungen an uns. In der Tages- und Wochenzeitung suchten wir nach offenen Stellen und versuchten, die Frauen zu vermitteln. Das gelang uns nicht oft, jedoch immerhin manchmal, was für uns jedes Mal ein großes Erfolgserlebnis war.

Eigene Produkte: Brot, Eis, Schmuck

Erfolg hatten wir auch mit unserem Solwodi-Brot. Das Korn schroteten wir selbst mit einer kleinen Mühle. Wir verkauften das Brot an verschiedene Hotels und einen Supermarkt. Es war so gefragt, weil die deutschen Touristen lieber Grau- und Vollkornbrot aßen als das übliche Weißbrot. Aber da wir keine Konservierungsmittel benutzten und in Mombasa eine große Hitze gepaart mit hoher Luftfeuchtigkeit herrschte, verschimmelte es nach zwei Tagen. Dann mussten wir es zurücknehmen und das Geld dafür erstatten.

Eine andere Einnahmequelle war die Produktion und der Verkauf von Eis. Dafür brauchten wir eine Tiefkühltruhe, eine Kühltasche, einen kleinen Apparat zum Verschweißen, Schläuche aus Plastikfolie, Wasser, Zucker und Farbe. Weil wir gesundes Eis anbieten wollten, kauften wir Obst, kochten Saft, füllten ihn in die Schläuche, verschweißten die Enden und froren das Ganze dann ein. Das fertige Eis wurde in die Kühltasche gepackt und der Verkäuferin übergeben.

Maria war eine etwas gemütliche Frau, für die wir einfach noch keine Arbeit gefunden hatten. Wir fragten sie, ob sie Eis verkaufen wolle. Begeistert war sie nicht, aber sie zog mit der Kühltasche los. Nach drei Stunden kam sie frustriert zurück. Nie wieder werde sie das machen, schimpfte sie, das sei ja eine Arbeit für Männer. Sie hatte Recht. Bisher hatten überall in Kenia immer nur junge Männer Eis feilgeboten. Marias Schwester Theresa, ebenfalls eine Solwodi-Klientin, erwiderte: »Bist du dumm! Du stehst doch auch wie ein Mann an der Theke und trinkst Bier.«

Seitdem verkaufte Theresa regelmäßig unser Eis. Vor Schulen pries sie es in den Pausen als das Beste in Mombasa an, weil es als Einziges aus Saft von frischen Früchten hergestellt werde. Eines Tages kam sie ganz stolz zurück. Die Kinder hatten schon auf sie gewartet und sie »Mama barafu« genannt, was soviel heißt wie »Mutter Eis«. Sie empfand es als große Auszeichnung.

Schmuck war ein weiteres finanzielles Standbein. Eine junge Touristin aus Italien hatte von Solwodi gehört und wollte gerne mitarbeiten. Sie war Künstlerin und lehrte während ihres Urlaubs einigen unserer Frauen, Halsketten und Armbänder aus Keramikkugeln, kombiniert mit einheimischen Perlen, anzufertigen. Den Ton holten wir aus einer Ziegelfabrik am Rande von Mombasa. Die Kugeln ließen wir in einer benachbarten Töpferei brennen.

Zwei meiner Studentinnen aus Eichstätt verbrachten ihre Semesterferien im Solwodi-Zentrum. Annette brachte unseren Frauen bei, Plätzchen zu backen. Am Sonntag nach der heiligen Messe wurden sie vor der Pfarrkirche verkauft. Bernadette, die gut nähen konnte, stieg in die Schürzen-Produktion ein. Eine Angehörige der schwedischen Botschaft bot Batik-Kurse an. Viele Menschen engagierten sich ehrenamtlich, um unseren Frauen beim Ausstieg aus der Prostitution zu helfen. Doch es war nicht immer leicht, ihnen, die nie etwas gelernt hatten, Fertigkeiten und Kenntnisse zu vermitteln, die zu vermarktbaren Produkten führten. Wenn wir sie an Touristen-Läden verkaufen wollten, mussten sie gut sein, was sie nicht immer waren. Unsere Frauen hatten es schwer, aber sie setzten sich voll ein. Umso wichtiger war es, sie immer wieder zu ermutigen. Wir alle brauchten Erfolgserlebnisse – auch ich und meine Helferinnen.

Die Frauen und die Touristen

Trotz der vielen Arbeit im Zentrum habe ich die Besuche in den Cafés und Kontakthöfen nicht vernachlässigt. Wie sehen die Prostituierten die Touristen, war eine der Fragen, die mich beschäftigten. Die beste Antwort gab »Queen«. So nannte ich sie, weil sie immer von einem ganzen Schwarm Männer angehimmelt wurde. Sie war schön, elegant, eloquent und hat mich sehr beeindruckt. Nicht ich durfte sie zum Bier einladen, sie gab mir eins aus. »Meinen Sie«, sagte Queen, nachdem sie mir zugeprostet hatte, »es macht mir Spaß, jeden Tag hier herumzuhängen, mit jedem Deppen abzuziehen und den Clown für ihn zu spielen?«

Egal, wie es den Frauen geht, ob ihre Kinder krank sind, ob sie Sorgen haben, sie müssen lachen und lustig sein. Schließlich sind die Touristen nach Mombasa gereist, um sich zu amüsieren. Auch wenn sie nur gelangweilt sind, dürfen die Prostituierten es nicht zeigen. Mal verdienen sie etwas mehr Geld, aber meist sind ihre Kunden geizig. Viele meinen, wenn sie eine Mahlzeit spendieren, wären die Dienste der Frauen entgolten. Andere feilschen, um so wenig wie möglich zu zahlen. Wenn die Mädchen sehr jung sind, fallen sie auf falsche Liebesschwüre herein. Manche werden schwanger, weil sie hoffen, dann würde »dieser tolle Deutsche« sie heiraten. Einige zeigten mir Adressen in Deutschland, die nur selten stimmten. Nur einen Vater habe ich kennen gelernt, der auch wirklich monatlich für sein Kind zahlte und der Mutter geholfen hat, ein Haus in Mombasa zu bauen.

Wenn ich heute nach 20 Jahren sehe, dass es in Kenia vier Solwodi-Beratungsstellen gibt – in Mombasa, Mtuhapa, Kilifi und Malindi – weiß ich, dass sich all die Mühe und der Kampf gegen sexuelle Ausbeutung, Armut und Entwürdigung gelohnt haben. In Kenia habe ich meine Arbeit immer als Wiedergutmachung verstanden für das, was den Frauen und Mädchen durch die Touristen zugefügt wird. Zurück in Deutschland wollte ich aufklären über den Prostitutionstourismus und seine Folgen. Aber dabei blieb es nicht.

Wieder in Deutschland: Von der Initiative Solwodi zur NRO Solwodi

Das erste Standbein von Solwodi war die Sozialarbeit für kenianische Prostituierte, die Öffentlichkeitsarbeit gegen deutsche Sextouristen wurde das zweite. Als ich 1987 aus Afrika zurückkehrte, erfüllte es mich mit Zorn, dass keine Spur von Problembewusstsein dafür vorhanden war, was Männer aus meinem Heimatland im Urlaub ausländischen Frauen antun und wie schamlos sie deren wirtschaftliches Elend ausnutzen.

In den 80er-Jahren konnten Reiseveranstalter noch ungeniert mit »Sonne, Sand und Sex« für die »Urlaubsparadiese« Pattaya (Thailand) oder Mombasa (Kenia) werben. Damals belohnten sogar Unternehmen verdiente Manager mit solchen Reisen. Um eine Bewusstseinsänderung zu bewirken, war Aufklärung dringend nötig. Es sollten, so nahm ich mir vor, die Stammtischrunden in Eckkneipen und die Führungskreise in Chefetagen nicht länger mit unverhohlenem Neid den Angebereien von Prostitutionstouristen lauschen, ohne die andere Seite der Medaille zu kennen – die bittere Realität der Prostituierten in den so genannten »Traumländern« der Dritten Welt.

Ich erhielt zahlreiche Einladungen von Pfarreien, Frauengemeinschaften und vom Katholischen Frauenbund und ich nahm nahezu alle an. In meinem ersten Jahr in Deutschland waren es 85 Abendveranstaltungen, 16 Sonntagspredigten mit anschließenden Diskussionsrunden, 23 Rundfunksendungen und 35 meist mehrtägigen Tagungen. Sieben Veröffentlichungen, teils als Buchbeiträge, teils als Zeitungsartikel, kamen hinzu. Doch meine eigentliche Zielgruppe, die Männer, erreichte ich selten. Für die Folgen des Prostitutionstourismus interessierten sich fast ausschließlich Frauen. Und so manch einer wurde plötzlich klar, warum ihr geliebter Gefährte so gerne ohne sie, oft mit Freunden oder Kollegen, in die Dritte Welt reiste.

Mein Terminkalender drohte aus allen Nähten zu platzen, nachdem das ZDF 1988 einen Dokumentarfilm ausstrahlte, der bundesweit Furore machte. Es war der erste von vielen Fernsehbeiträgen über Solwodi und sein Titel war »Allein gegen Sextourismus«. Sibylle Plogstedt, Journalistin und Feministin, hatte ihn in Kenia und Deutschland gedreht. Wir hatten uns 1985 auf der Weltfrauenkonferenz in Nairobi kennen gelernt. Von Beginn an hat sie Solwodi und die Arbeit begleitet und sie unterstützt uns bis heute.

Gründung des Vereins Solwodi e. V.

Schon bald merkte ich, dass ich als Einzelkämpferin überfordert war. Das Telefon klingelte ununterbrochen, Anfragen mussten beantwortet, Vorträge geschrieben und Interviews gegeben werden. Anfangs half mir die Pfarrsekretärin der Pfarrei »Maria Königin« in Baldham bei München. Sie notierte alle Anrufe für mich, wenn ich unterwegs war, und führte meinen übervollen Terminkalender. Bald fand sich eine ehrenamtliche Mitarbeiterin zur Entlastung der netten Pfarrsekretärin, aber leider nur stundenweise. In Baldham hatte mir der damalige Pfarrer, mein alter Freund Pater Köster, Unterschlupf gewährt. Ein Raum im Pfarrhaus, nur abends für kleinere Versammlungen genutzt, wurde mein Büro, verbunden mit der Auflage, dass am Abend alles aufgeräumt sein musste. Es war ein Provisorium.

Ich brauchte geordnete Verhältnisse, die es mir erlaubten, steuerlich absetzbare Spendenquittungen auszustellen. Darum gründeten wir im März 1988 in München den ersten deutschen Solwodi-Verein. Vorstands- und Gründungsmitglieder außer mir waren Prof. Dr. Fritz Köster, Dr. Sibylle Plogstedt, Christa Kaiser, Diemut Schneider, Annette Heimath und Lilo Kargebauer.

In den 1990ern entstanden Organisationen, die das Problem des Prostitutionstourismus ähnlich sahen wie wir und sich engagierten, zum Beispiel der Arbeitskreis für Tourismus in Starnberg und das Zentrum für entwicklungsbezogene Bildung (ZEB) in Stuttgart. Immer mehr Menschen in Deutschland erkannten, dass die Armut in Afrika, Asien und Lateinamerika dazu führt, dass Frauen und Kinder als Waren auf dem Sexmarkt gehandelt werden – zunehmend auch als »Export-Artikel«.

Insgesamt jetten rund 350 000 deutsche Männer Jahr für Jahr zu Prostituierten in die Dritte Welt. Die Gier westlicher Männer nach »exotischen« Frauen und Mädchen wurde künstlich geschürt von Reiseveranstaltern, Zuhältern und Menschenhändlern. Sie waren es, die den Sexmarkt aus der Dritten Welt in die Bundesrepublik importierten. Diese skrupellosen Geschäftemacher erkannten die Chance, noch mehr Geld zu verdienen, wenn nicht nur Reiselustige die Kassen füllten, sondern auch Reisemuffel, denen man die »Exotinnen« auf Bestellung aus dem Katalog nach Hause lieferte. In den ersten Jahren lief dieses Geschäft vor allem mittels »Heiratshandel«.

Internationale Heiratsagenturen schossen wie Pilze aus dem Boden. Die fehlende staatliche Kontrolle begünstigte diese Entwicklung. Immobilienmakler müssen, um ein Gewerbe anmelden zu können, ein Leumundszeugnis und einen Liquiditätsnachweis erbringen. Von Heiratshändlern wird das nicht verlangt. Das Gewerbeaufsichtsamt kontrolliert nur die technischen Einrichtungen, sonst werden sie nicht überprüft. Ein Händler, der wegen Steuerhinterziehung hinter Gittern saß, durfte seine zwielichtigen Geschäfte sogar vom Gefängnis aus weiter abwickeln.

Den heiratswilligen Frauen aus den ärmsten Ländern dieser Erde wird ein Leben in Reichtum an der Seite eines deutschen Mannes in Aussicht gestellt. Allerdings verschweigt man ihnen, dass er sie bei Nichtgefallen umtauschen kann oder dass er arbeitslos ist oder ein Pädophiler, der sie nur der Kinder wegen heiraten will, die die Frauen mit in die Ehe bringen. Viele Frauen und Mädchen werden mit »Traumjobs« nach Deutschland gelockt, von so genannten »Künstleragenturen«, die sie angeblich als Tänzerinnen oder Fotomodelle vermitteln wollen. In Wahrheit verschachert man sie an Bordelle. Anderen wird eingeredet, sie könnten hier als Kindermädchen, Haushaltshilfe, Erntehelferinnen oder Kneipenbedienung arbeiten. Und dann müssen sie als Zwangsprostituierte deutsche Freier bedienen. Man verspricht ihnen den Himmel – und sie landen in der Hölle.

Eines Tages, im März 1988, alarmierte mich der Verein »Frauen helfen Frauen« aus Düsseldorf wegen einer jungen Afrikanerin aus Kenia. Mit aufgeschnittenen Pulsadern war sie in einem Düsseldorfer Park gefunden worden. Dieses schwer traumatisierte Mädchen – nennen wir sie Theresa – war die erste Ausländerin, um die sich Solwodi in Deutschland kümmerte. Auf Grund dieser Erfahrung entstand unser drittes Standbein: Hilfe für Frauen, die als Opfer von Sextouristen, Heiratsvermittlern oder Menschenhändlern in der Bundesrepublik gestrandet sind.

Theresa war 13, als sie auf dem Frankfurter Flughafen landete. Man hatte ihr eine Arbeit als Fotomodell versprochen. Aber sie musste als Zwangsprostituierte in vornehmen Hotels in Deutschland, Italien und der Schweiz anschaffen. Immer wieder wurde sie vergewaltigt, verkauft und verschoben – als Ware für wohlhabende Herren mit einer Vorliebe für ganz junges »Frischfleisch«. Theresa stammt aus einer bitterarmen Familie. Sie hatte nie die Gelegenheit, eine Schule zu besuchen oder gar einen Beruf zu erlernen. Doch für ihr Schicksal interessierte sich keiner. Interessant war nur ihr kindlicher Körper. Die Verachtung, mit der man ihr begegnete, hatte sie als Selbstverachtung verinnerlicht. Statt ihre Zuhälter und Freier zu hassen, hasste sie sich selbst – so sehr, dass sie sich auslöschen wollte.

An Theresas Beispiel wird deutlich, wie komplex die Arbeit von Solwodi ist. In diesem Fall war sie erfolgreich. Es gelang mir, für Theresa eine Duldung zu erhalten und ihr Papiere zu besorgen. Auch die finanziellen Mittel für eine Therapie erhielt ich durch Spenden. Nach der Therapie, als sie genügend stabilisiert war und wieder Lebensmut hatte, fand ich für sie einen Ausbildungsplatz als Schneiderin. Doch zunächst einmal brauchte das psychisch und physisch zerstörte Mädchen eine Ansprechpartnerin, die ihr glaubte, sie ernst nahm und ihre Hochs und Tiefs aushielt. Da ich zu dieser Zeit noch ohne Sozialarbeiterin war, war ich selbst diese erste Beraterin, die mit ihr Zukunftsperspektiven entwickelte und die praktische Umsetzung organisierte.

Besonders schwierig war es, eine passende Bleibe zu finden, eine eigene Wohnung, in der sie nicht zu oft allein war. Es galt, einen ganzen Freundeskreis um sie herum aufzubauen. Damit sie in Deutschland leben und arbeiten konnte, musste sie zuerst Lesen und Schreiben lernen. Sie in Alphabetisierungs- und Deutschkursen unterzubringen, einen Ausbildungsplatz für sie zu suchen, die mühsamen Verhandlungen mit Behörden zu führen – für eine Frau konnte ich das alleine leisten, aber nicht für viele Frauen. Mir wurde klar, dass Solwodi nicht nur eine Sekretärin benötigte, sondern auch eine Sozialarbeiterin und eigene Räume. Das alles erforderte Geld – viel Geld.

Weil ihre Betreuung so teuer und der Sozialhilfeetat klein ist, schiebt der deutsche Staat die Opfer von Frauen- und Heiratshandel lieber so schnell wie möglich in ihre Heimatländer ab. Dieses Verhalten empfinde ich als inhuman und amoralisch in einer Demokratie, die sich in ihrer Verfassung den Menschenrechten verpflichtet hat. Wenn einer Ausländerin hier in Deutschland Gewalt angetan wird, das war von Anfang an meine Überzeugung und ist es bis heute, muss hier auch die Wiedergutmachung geschehen und das Unrecht, wenn möglich, vor Gericht gebracht werden.

Umzug an den Rhein

Wieder standen mir und damit Solwodi Veränderungen bevor. Als Pater Köster 1988 an die Theologische Hochschule
in Vallendar berufen wurde, übernahm er nebenberuflich als
Vicarius Substitutus eine vakante Pfarrstelle in Hirzenach bei
Boppard. Mit Zustimmung des Bischofs stellte er mir in dem
geräumigen Pfarrhaus mehrere Zimmer für Solwodi zur Verfügung. Im Juni 1988 zogen wir an den Rhein. Nun hatte ich
zwar eigene Räume, aber ich war immer noch allein. Zwar
hatte mir die Diözese Trier Mietfreiheit gewährt, das Geld fürs
Personal fehlte mir nach wie vor. Die Papiermenge, die ich
für Anträge auf finanzielle Förderung an staatliche Stellen
verbrauchte, war mehrere Kilogramm schwer. Meiner Arbeit
wurde viel Wohlwollen entgegengebracht, aber ein geeigne-
ter Topf zur Finanzierung der Personalkosten fand sich nicht.

Dennoch hatte ich viele helfende Hände in Hirzenach
und anderswo. Überall in der Bundesrepublik engagierten
sich Frauen ehrenamtlich für Solwodi. Besonders fruchtbar
war die Kooperation mit Frauenverbänden und ihren Mitgliedern, die gemeinsam mit mir Ausbildungsplätze für meine
Klientinnen suchten oder selbst anboten.

Dann endlich, im März 1989, die freudige Osterbotschaft
im Solwodi-Rundbrief: »Für das Funktionieren des Büros, d.h.
zur Deckung der Personal- und Verwaltungskosten, haben wir
einen Zuschuss vom Land Rheinland-Pfalz erhalten. Damit
sind wir nun offiziell als Beratungsstelle anerkannt. Dazu
kommen andere Hilfen, z.B. die der Diözese Trier für miet-
freie Räume, die der Diözese Mainz für die Teilfinanzierung
einer AB-Maßnahme, die des Arbeitsamtes Koblenz für die
Genehmigung der ABM-Stelle, die von Misereor und einigen Spendern. Dadurch ist es gelungen, außer einer Sekretä-

rin zwei weitere Mitarbeiterinnen einzustellen, eine Sozialarbeiterin und eine Lehrerin.«

Frauen, denen Solwodi helfen konnte

Nun hatten wir endlich die personelle und räumliche Ausstattung, um professionell arbeiten zu können. Täglich meldeten sich mehr Frauen bei uns. Auf manche Fälle und Schicksale waren wir überhaupt nicht gefasst. Skrupellose Täter sind stets für böse Überraschungen gut, vor allem, wenn sie scheinbar Ehrenmänner sind, wie zum Beispiel in Deutschland stationierte Soldaten und Offiziere der US-Army.

In ihren Militärflugzeugen brachten sie Philippinas als »Hausmädchen« mit. Die meisten wurden von ihren »Hausherren« missbraucht. War eine Schwangerschaft die Folge, verschwanden die Väter bei Nacht und Nebel, von ihren Vorgesetzten in die Heimat oder sonst wohin versetzt. Ihre Adressen zu erfahren war unmöglich, geschweige denn, sie zur Rechenschaft zu ziehen. Die jungen Philippinas blieben allein in der Fremde zurück – entwurzelt, illegal und rechtlos.

Die amerikanischen Militärbehörden fühlten sich nicht zuständig, wohl aber wir von Solwodi. Wir vermittelten eine ganze Reihe der schwangeren Opfer sexueller Ausbeutung durch US-Soldaten an Schwesternorganisationen, die Mutter-und-Kind-Heime unterhielten. Die Unterbringungskosten übernahmen unsere Schwestern, für den Lebensunterhalt kam Solwodi auf.

Auch Nurudin, eine wunderschöne Frau aus Asien, war ein Hausmädchen. Für die Reisekosten, das Touristenvisum und den Arbeitsvertrag hatte sie sich hoch verschuldet in dem Glauben, den Kredit der Menschenhändler durch eine gut bezahlte Stelle in Deutschland schnell tilgen zu können. Dieses Geld, das sie durch Kauf eines Grundstücks bekommen und als Handgeld zurückgelegt hatte, weil der Bundesgrenzschutz sie sonst sofort als so genannten »Wirtschaftsflüchtling« verdächtigt hätte, nahmen ihr die Menschenhändler im Frankfurter Flughafen auch noch ab.

Auch ihr Lohn wurde immer gleich abkassiert, weil sie Schulden bei den Menschenhändlern hatte. Von »gut bezahlt« konnte daher keine Rede sein. Es war ein Hungerlohn, für den Nuridin vom frühen Morgen bis in die späte Nacht ohne Pause schuften musste. Die reiche Familie, bei der sie angestellt war, hatte ständig Besuch und feierte gerne rauschende Feste. Als das Touristenvisum nach drei Monaten ablief, hatte Nurudin keinen Pfennig für ihre armen Verwandten gespart und den Kredit noch nicht abbezahlt. Die Menschenhändler wussten einen Ausweg für sie – die Prostitution. Aber zum Glück fiel Nurudin nicht auf dieses Angebot herein, sondern bat Solwodi um Hilfe und wurde aufgenommen.

Felicitas war Hausmädchen, »Hausklavin« wäre das passendere Wort, bei einer ausländischen Diplomaten-Familie. Lohn bekam sie selten, stattdessen wurde sie häufig geschlagen. Sie war illegal in Deutschland. Ihre noblen Arbeitgeber hielten es nicht für nötig, sie zu versichern und anzumelden. Dann wäre sie ja womöglich noch auf die Idee gekommen, die Flucht zu ergreifen und ihre Sklavenhalter anzuzeigen. Als wir deutsche Behörden auf den Fall aufmerksam machten, stellten die sich auf den Standpunkt, Felicitas wäre gewissermaßen Botschaftspersonal und damit »exterritorial«.

Eine saudi-arabische Prinzessin mietete regelmäßig eine ganze Etage in einem der vornehmsten Hotels in einer deutschen Großstadt, wo sie ihre philippinische Hausangestellte quälte. Sie schlug sie oft mit ihren hochhackigen Sandalen auf den Kopf oder presste ein glühend heißes Bügeleisen auf den nackten Arm der Philippina. Einem Zimmerkellner war dieser hochherrschaftliche Sadismus schon länger ein Dorn im Auge. Als die Hausangestellte ihm die Brandwunde zeigte, verhalf er ihr zur Flucht und brachte sie zu Solwodi. Das Hotel war nicht exterritorial. Wir zeigten die Prinzessin wegen fortgesetzter schwerer Körperverletzung an. Die Polizei gab sich redliche Mühe und erreichte trotzdem wenig. Es kam zu einem Vergleich mit Zahlung eines geringen Schmerzensgeldes.

Eigentlich hätte ich im Laufe der Jahre ein dickes Fell entwickeln müssen, aber auch nach zwei Jahrzehnten bin ich immer noch entsetzt darüber, welche Unmenschlichkeiten deutsche Männer und andere Männer – gelegentlich auch Frauen – ungestraft ausländischen Frauen zumuten. Und dies geschieht Tag für Tag hier bei uns, mitten in unserem demokratischen Rechtsstaat.

In einer seriösen Tageszeitung durfte sich ein Heiratshändler brüsten, er habe in einem einzigen Jahr 10 000 Frauen aus aller Welt an deutsche Männer vermittelt. Näheres über sein Geschäftsgebaren erfuhren wir kurz darauf, als uns die Kölner Bahnhofsmission wegen der Brasilianerin Maria alarmierte. Völlig verzweifelt und am Ende ihrer Kraft war sie auf dem Bahnsteig zusammengebrochen. Ihre Lage erschien ihr aussichtslos. Drei potenzielle deutsche Ehemänner hatten sie jeweils fünf Wochen lang »ausprobiert«, aber »die Ware« letztlich nicht gekauft. Und jetzt sollte Maria dem besagten Heiratshändler seine Unkosten erstatten, seinerzeit 7 000 Mark für Flug, Reisepapiere, Vermittlungsgebühr und Unterhalt während ihres Aufenthalts in der Hölle. Maria wollte so schnell wie möglich nach Hause zurück. Aber wir überzeugten sie davon, dass es besser wäre, den Heiratshändler und seine Kunden anzuzeigen. Wir besorgten ihr eine Unterkunft und stellten ihr eine Rechtsanwältin.

Auch einen anderen Fall werde ich nie vergessen, weil er der Auslöser dafür war, dass das frauenfeindliche Ausländergesetz in Deutschland etwas frauenfreundlicher gestaltet wurde. Eine verantwortungsbewusste Mieterin rief uns an, weil sie den Eindruck hatte, dass ihr deutscher Nachbar in dem Mehrfamilienhaus eine Ausländerin in seiner Wohnung gefangen hielt. Tagsüber, wenn er beim Arbeiten war, herrschte nebenan Totenstille. Aber wenn er abends nach Hause kam, hörte die Nachbarin lautes Gerumpel von umfallenden Möbelstücken und das leise Wimmern einer Frau in einer unverständlichen Sprache. Wir schickten der Anruferin per Post ein Solwodi-Faltblatt. In dieser Broschüre wird in zwölf Sprachen erklärt, wer wir sind, was wir tun und wie uns Hilfe suchende Frauen erreichen können. Am anderen Morgen, nachdem der Mann weggegangen war, schob die Nachbarin das Faltblatt unter seiner Wohnungstür durch. Und siehe da, die Tür wurde geöffnet! Eine grün und blau geschlagene, zierliche Thailänderin stürzte sich schluchzend in zwei mütterliche Arme.

Die Thailänderin war ein Heiratshandels-Opfer. Ihr deutscher Ehemann hielt es für sein gutes Recht, sie einzusperren und zu misshandeln. Der deutsche Staat hatte offenbar auch nichts dagegen, denn nachdem wir sie aus ihrem Gefängnis befreit hatten, sollte sie sofort abgeschoben werden. Denn damals, Ende der 80er-Jahre, musste eine Ausländerin sechs Jahre mit einem Deutschen verheiratet sein, wenn sie ein eigenständiges Aufenthaltsrecht für sich beanspruchen wollte. Wie praktisch für die Ehemänner! War einer seine ausländische Ehefrau vor Ablauf der Sechsjahresfrist leid, brauchte er nur zum Ausländeramt zu gehen und dort seine Ehe für gescheitert zu erklären, schon wurde die Frau abgeschoben. Wagte sie es, vor seinen Prügeln in ein Frauenhaus zu fliehen, war das auch ein Abschiebungsgrund, weil dieses Verhalten zeigte, dass die Ehe offensichtlich zerrüttet war.

Die Abschiebung der Thailänderin verhinderten wir, indem wir die Öffentlichkeit mobilisierten. Andere Menschenrechtsorganisationen schlossen sich unserer Kampagne an und so kam es schließlich zu einer Anhörung vor Politikerinnen und Politikern aus allen Fraktionen des Deutschen Bundestages. Die Folge dieser Anhörung war eine Gesetzesänderung. Heute hat eine ausländische Ehefrau bereits nach zwei Jahren Ehe ein eigenständiges Aufenthaltsrecht. Hat sie ein Kind mit dem deutschen Mann, darf sie ohnehin in Deutschland bleiben, auch wenn die Ehe gescheitert ist. Außerdem – und das ist ganz wichtig – hat sie als »Härtefall« einen Anspruch auf Duldung, wenn er sie misshandelt, auch wenn die Ehe erst wenige Wochen besteht und kein Kind daraus hervorging.

Schwarze Schafe bei der Polizei

Solwodi war nie einfach nur eine Hilfsorganisation. Wir wollten auch Menschenhandel zu einem Politikum machen und Lobbyarbeit für die Frauen leisten. Wir versuchten, das Unrechtsbewusstsein für Verbrechen zu wecken, die in unserem Land bisher als Kavaliersdelikte galten. Dabei kooperierten wir zunehmend mit der Polizei, die sich genau wie wir Tag für Tag direkt vor Ort mit dem Elend illegaler Migrantinnen konfrontiert sieht. Durch diese persönlichen Erfahrungen herrscht bei den Polizeidienststellen im Gegensatz zu Politik und Justiz ein größeres Problembewusstsein und stärkere Sensibilität für das Thema Menschenhandel und Zwangsprostitution.

Allerdings gab es auch schwarze Schafe unter den Polizeibeamten. Einige ließen sich »nur« von Zuhältern bestechen, andere waren selbst Zuhälter. Ein Aufsehen erregendes Beispiel war ein Hauptkommissar aus Nordrhein-Westfalen. Zusammen mit einem gehobenen Angestellten einer angesehenen Stiftung hatte er in der Karibik junge Mädchen als Models für die Südfrüchte-Werbung nach Deutschland gelockt, wo sie dann jedoch in seinen Bordellen als Zwangsprostituierte anschaffen mussten. Verdeckt von Mittelsmännern, die die Clubs für ihn führten, betrieb der Hauptkommissar mehrere solcher Etablissements. Doch seine Kollegen waren ihm auf die Schliche gekommen. Heimlich, ohne ihn darüber zu informieren, organisierten sie eine Razzia in seinen Bordellen. Dabei wurden mehrere junge Frauen aus der Karibik aufgegriffen. Eine Frau, die nach der Razzia in Abschiebehaft saß, war sofort bereit, gegen den Hauptkommissar auszusagen. Prompt wurde ihr ein in einschlägigen Kreisen als »Zuhälter-Anwalt« bekannter »Rechtsbeistand« in die Zelle geschickt, der das »singende Vögelchen« durch Drohungen zum Schweigen bringen sollte. Wir hatten erst spät von diesem Skandal erfahren, fast schon zu spät. Gerade noch rechtzeitig gelang es uns, der Hauptbelastungszeugin eine Rechtsanwältin zu besorgen, die auf ihrer Seite stand und nicht auf der des Täters. Der Prozess gegen den Hauptkommissar war eines der ersten Verfahren wegen Menschenhandels, das nicht vor leeren Zuschauerbänken stattfand. Stets saßen ehrenamtliche Beobachterinnen vom Solwodi-Freundinnen-Kreis mit im Gerichtssaal, obwohl die Verhandlungen mehrere Wochen dauerten. Von nun an versuchten wir mit Unterstützung unseres Freundeskreises in solchen Prozessen bundesweit Prozessbeobachtung zu machen. Ein kleines, doch deutliches Signal, dass nicht alle Menschen in Deutschland den Menschenhandel als Kavaliersdelikt betrachten.

Durch unsere Prozessbeobachterinnen, die sich in den Pausen auf den Gängen mit Kriminalbeamten unterhielten, wurde Solwodi in Polizeipräsidien von Nord bis Süd als eine Opferschutzorganisation bekannt, die man einschalten kann, wenn eine Razzia geplant ist. Dies war einer der Gründe für die Entstehung unserer Schutzwohnungen, in denen wir die Menschenhandelsopfer unterbringen und sie vor der Abschiebehaft bewahren. Inzwischen verfügen wir auch über ein Netz von spezialisierten Rechtsanwältinnen, die als Nebenklagevertreterinnen aussagewillige Opferzeuginnen unterstützen. Doch bis dahin war es ein beschwerlicher Weg.

Wissenschaftliche Studien und Veröffentlichungen

In unserer 1992 veröffentlichten Studie *Umfeld und Ausmaß des Menschenhandels* berichteten die Soziologin Dr. Dagmar Heine-Wiedemann und ich über 33 von uns untersuchte Menschenhandelsfälle. In einem ging es um – sage und schreibe – 300 Afrikanerinnen, die als Zwangsprostituierte in den Westerwald verschleppt worden waren. Trotz akribischer Recherchen der Polizei bewertete die Staatsanwaltschaft nur 15 dieser 33 Fälle als anklagenswert. Von den 15 Fällen wurden schließlich lediglich fünf vor Gerichten verhandelt. Ein einziger Täter wurde zu einer Freiheitsstrafe von mehr als zwei Jahren ohne Bewährung verurteilt. Kein Wunder, denn die

Opferzeuginnen waren lange vor Prozessbeginn in ihre Heimatländer abgeschoben worden. Zwar hatte die Polizei sie zuvor ausgiebig verhört und dem Untersuchungsrichter vorgeführt, damit die Aussagen vor Gericht verwendbar waren. Doch im deutschen Rechtssystem gilt der Grundsatz der Unmittelbarkeit, d.h., der leitende Strafrichter, seine Beisitzer und die Verteidiger haben einen gesetzlich verbrieften Anspruch darauf, die Zeugen selbst zu befragen. Wenn die Zeuginnen zurzeit des Prozesses aber schon abgeschoben sind, kann die frühere Aussage vor dem Richter leicht von der Verteidigung zerpflückt und ausgehöhlt werden. Es kommt dann zum Deal und die Täter gehen quasi straffrei aus.

Es ist also dringend notwendig, Abschiebungen zu verhindern und zu erreichen, dass Opferzeuginnen zumindest bis zu einem rechtskräftigen Urteil in Deutschland bleiben dürfen. Solwodi setzte sich von Anfang an dafür ein, dass den betroffenen, aussagewilligen Frauen nach Prozessende noch ein längerer Aufenthalt zu gewähren ist, damit sie zum Beispiel eine Ausbildung oder eine Therapie abschließen können. Wenn sie sich durch ihre Aussage in ihrem Heimatland gefährdet haben, steht ihnen ein Daueraufenthalt in Deutschland zu. Da das Verbrechen an den Frauen in unserem Land verübt wurde, muss auch die Wiedergutmachung hier geschehen.

1997 wurde Solwodi vom Bundesministerium für Familie, Senioren, Frauen und Jugend eine Expertise zur Betreuung von Opferzeuginnen des Menschenhandels im Rahmen des Zeugenschutzprogrammes der Polizei anvertraut.

Seit Ende der 80er-Jahre sind in den verschiedenen Bundesländern Zeugenschutzprogramme erarbeitet worden, die unterschiedliche Reichweite haben und unterschiedlich gehandhabt wurden. Schutzmaßnahmen sind für Zeugen bei Prozessen zu schwerer Kriminalität vorgesehen. Sie haben neben dem Schutz für den betroffenen Personenkreis das Ziel, die Aussagebereitschaft der Zeugen zu erhalten. In dieser Expertise stand der Opferschutz bei Menschenhandelsdelikten im Vordergrund. Auf Grund der unterschiedlichen Regelungen war es notwendig, Erhebungen in einzelnen Bundesländern zu machen. Gesprächspartner waren Beamte der Abteilung Zeugenschutz der Landeskriminalämter und auch solche, die mit Schwerstkriminalität, vor allem Organisierter Kriminalität und Menschenhandel, befasst waren. Die Befragung hat gezeigt, dass Zeugenschutzprogramme nur sehr zögerlich auf Opferzeuginnen des Menschenhandels angewandt werden. Es wird angenommen, dass die Aussagen von Zeuginnen in Menschenhandelsverfahren nicht die Qualität haben, die notwendig wäre, um in das Zeugenschutzprogramm aufgenommen zu werden. Ihre Aussagen sind, so die Einschätzung der Ermittlungsbehörden, wenig informativ, was die Struktur des Verbrechens angeht. Sie kennen die Drahtzieher der Banden kaum und können nur über eigene Gewalterfahrungen berichten.

Wir plädierten in unserer Expertise für einen effektiven Zeugenschutz für Opferzeuginnen in Menschenhandelsprozessen, denn die erschreckend hohe Statistik von Menschenhandelsfällen ist nur zu durchbrechen, wenn Menschenhandel auch vor Justizbehörden und Gerichten als extremes Verbrechen gegen die Menschlichkeit gewertet wird.

Von 1999 bis 2001 betreute Solwodi 91 Opferzeuginnen. Unter dem Titel *Probleme der Strafverfolgung und des Zeuginnenschutzes in Menschenhandelsprozessen: eine Analyse von Gerichtsakten* wurden in diesen zwei Jahren die Prozesse im Rahmen einer wissenschaftlichen Begleitforschung ausgewertet und die Ergebnisse veröffentlicht.

Diese Studie hat gezeigt, dass es Erfolge im Bereich Strafverfolgung von Menschenhandel gibt, wenn professionelle Opferzeuginnenbetreuung und damit die Stabilisierung der Zeugin und engagierte Nebenklagevertretung garantiert sind. Die professionelle Betreuung der Opferzeuginnen ist die Grundlage für eine brauchbare Aussage der Opferzeugin und somit für eine effektive Strafverfolgung der Täter. Die Prozesse verlaufen umso erfolgreicher, je gestärkter und sicherer die Zeuginnen auftreten. Zu ihrer Stabilisierung ist eine professionelle Betreuung und Beratung notwendig. Dazu ist eine bessere finanzielle Unterstützung der Fachberatungsstellen erforderlich.

In dieser Arbeit ist jedoch auch dokumentiert worden, dass selten das mögliche Strafhöchstmaß vergeben wird und dass eine Einziehung der Gewinne der Täter kaum erfolgt. Wir von Solwodi fordern eine härtere Bestrafung der Täter und die verstärkte Nutzung der Möglichkeit der Gewinnabschöpfung. Mit Frauenhandel Geld zu verdienen, darf kein leichtes und sicheres Geschäft bleiben!

Neue Projekte

In den letzten Jahren sind wir einen großen Schritt vorangekommen. Eine große Kooperationsbereitschaft machte sich breit. So wurde auf Initiative der Bundesfrauenministerin der »Arbeitskreis Frauenhandel« gegründet. Vertreter und Vertreterinnen verschiedener Bundes- und Landesministerien, des Bundeskriminalamtes und der Landeskriminalämter, von Justiz- und Ausländerbehörden sowie von Solwodi und anderen Nichtregierungsorganisationen überlegten gemeinsam, wie man die Täter konsequenter verfolgen und den Opfern effektiver helfen kann.

Das Solwodi-Netzwerk wird immer engmaschiger und internationaler, da wir uns einem ganzheitlichen Denken verschrieben haben, das nicht zwischen fern und nah, weiß und schwarz unterscheidet. Viele Migrantinnen wollen bewusst in ihre Heimatländer zurückkehren, weil sie sich in Deutschland fremd fühlen und ihren Lebensmittelpunkt hier nicht finden können. Über die notwendigen finanziellen Mittel für einen wirtschaftlichen Neuanfang in ihren Heimatländern verfügen jedoch nur die wenigsten Frauen. Ohne eine nachhaltige Unterstützung bei der Reintegration in ihren Heimatländern sind Rückkehrerinnen kaum in der Lage, eine wirtschaftliche Eigenständigkeit für sich und ihre Familien zu erreichen. Solwodi bietet daher seit 1992 ein spezielles Förderprogramm für Rückkehrerinnen an, das über den World University Service im Auftrag der Zentralstelle für Arbeitsvermittlung aus Mitteln des Bundesministeriums für wirtschaftliche Zusammenarbeit finanziert wird. Bei Rückkehr der Frauen ist es wichtig, dass Kontakte zu Ordensgemeinschaften und Nichtregierungsorganisationen im Heimatland bestehen, die den Frauen helfen, wieder Fuß zu fassen und sich zu integrieren.

Die Nichtregierungsorganisationen (NRO) suchen gemeinsam mit den Frauen nach realistischen Möglichkeiten für Einkommen schaffende Projekte. Sie beraten und begleiten sie bei der Durchführung ihrer Pläne und sind auch für die Verwaltung und Auszahlung der entsprechenden Projektgelder zuständig. Im Jahr 2003 konnten 259 Frauen aus Entwicklungsländern über das Rückkehrerinnenprojekt gefördert werden. Für Frauen aus mittel- und osteuropäischen Ländern ist eine Förderung über dieses Projekt leider nicht möglich, da diese Länder nicht als Entwicklungsländer gelten. Diese Frauen unterstützt Solwodi bei der Reintegration aus eigenen Mitteln.

Inzwischen sind in Kenia und Ruanda weitere Beratungsstellen entstanden. In Deutschland gibt es zurzeit vier Solwodi-Vereine in Rheinland-Pfalz, Nordrhein-Westfalen, Bayern und Niedersachsen, die vom deutschlandweiten Dachverband zusammengefasst werden. Die vier Vereine unterhalten und betreuen 41 Schutzwohnungen in Deutschland. Außerdem haben wir in Deutschland insgesamt zehn Beratungsstellen.

2002 habe ich die »Solwodi-Stiftung« gegründet, von der ich mir erhoffe, dass allein stehende Deutsche ihren Besitz an sie vererben, damit mit dem Geld Frauenhandelsopfer und ihre Kinder unterstützt werden können. Diese Stiftung soll die langfristige Finanzierung der Arbeit von Solwodi sichern und gezielte Öffentlichkeitsarbeit für Menschenhandelsopfer leisten.

Nicht vergessen möchte ich unsere ehrenamtlichen Kontaktstellen (zum Beispiel Ostalb) und Arbeitskreise überall in Deutschland, ohne deren Engagement vieles gar nicht möglich wäre.

Solgidi Kenia – Solidarity with girls in distress

Wir haben hier in Deutschland viel geschafft und erreicht, aber Afrika dabei nicht vergessen – dort, wo alles begann, nicht nur die Solwodi-Geschichte, sondern auch die Geschichte der Menschheit. Deshalb habe ich 2002 in Kenia Solgidi (solidarity with girls in distress) gegründet, als Mädchen-Projekt und Investition in die Zukunft.

Zunächst ging es einfach nur um Geld, das die Prostituierten in Mombasa nicht hatten, um eine Schulbildung für ihre Kinder zu finanzieren. In Kenia wird sogar für den Besuch einer Grundschule Bares verlangt. Zusätzlich zu der eigenen Berufsausbildung sind die Schulkosten der Kinder für die meisten der von Solwodi Kenia betreuten Frauen nicht zu finanzieren. Ich sammelte zunächst Spenden für alle Kinder. Aber dann fiel mir auf, dass die Jungen bevorzugt wurden, wenn es darum ging zu entscheiden, wer zur Schule durfte und wer nicht. Während die Mütter fast alles tun, um ihre Söhne zur Schule zu schicken, bringen sie für die Töchter das Geld nicht auf. Ohne Schulbildung sind die Zukunftsperspektiven der Mädchen genauso schlecht wie die der Mütter. Sie würden zu der nächsten Generation von Prostituierten heranwachsen. Solgidi wurde gegründet, um diesen Teufelskreis zu durchbrechen.

Darum arbeitet Solgidi betont parteiisch und unterstützt ausschließlich die Schulbildung von Mädchen, damit sie nicht in der Prostitution landen wie ihre Mütter – in Afrika und anderswo.

Heute kümmert sich die Leiterin von Solgidi, Agnes Mailu, um 80 Kinder, denen das Schulgeld in der Schule gezahlt wird und deren Schulbesuch kontrolliert wird.

Die Situation vieler Kinder wird dadurch verschärft, dass sie ihre Mütter durch die Krankheit Aids verloren haben. Nun versorgen die älteren Schwestern, »Guardians« genannt, die Geschwister. Diese Mädchen sind oft selbst noch sehr jung und mit dieser Aufgabe hoffnungslos überfordert. Solgidi organisiert Workshops und Kurse, um die »Guardians« in ihren Erziehungsaufgaben zu unterstützen.

Engagement in Ruanda: das Frauen-, Witwen- und Waisenprojekt

Seit 1994, nach dem schrecklichen Genozid, unterstützt Solwodi in Ruanda Waisenkinder und Witwen. Im August 1994, direkt nach dem Ausbruch von Gewalt, Mord und Zerstörung, hatte ich die Gelegenheit, mit Cap Anamur nach Ruanda zu fliegen. Meine Erlebnisse von Grauen und Hilflosigkeit sind mir noch sehr gegenwärtig. Ich war auf der Suche nach meinen Schülerinnen, denn von 1967 bis 1972 hatte ich im Lehrerinnenseminar in Nyanza Lehrerinnen ausgebildet und ich war über all die Jahre mit vielen meiner Schülerinnen in Kontakt geblieben. Ich kam in Kigali an und fand eine tote Stadt, keine Menschen, nur Leere und Zerstörung.

Durch die Kontakte, die ich bei diesem Besuch geknüpft hatte, gelang es mir wenig später, acht Waisenkinder, die vom Krieg gezeichnet waren, mit zwei Begleiterinnen nach Deutschland zu bringen. Die Kinder wurden in Saarlouis in einem Krankenhaus der Franziskanerinnen von Waldbreitbach behandelt und in einem Haus dieser Schwestern aufgenommen. Diese Kinder sind nach der Erholungszeit von zwei Jahren alle, bis auf ein Mädchen, wieder nach Ruanda zurückgekehrt.

Es war mir immer ein Anliegen zu erfahren, wie es diesen Kindern heute geht. Daher bin ich im August 2004 nach Ruanda geflogen. Auf dem Flughafen haben mich vier der Kinder, Jean Marie, Jean de Dieu, Olivier und Sylvia mit Schwester Raphaela, eine der Begleiterinnen in Deutschland, abgeholt. Sie sind heute große, schlanke Jugendliche, die alle die Schule besuchen. Ich wage nicht zu fragen, ob sie heute noch manchmal Alpträume haben.

Nach dem Genozid gab es in Ruanda viele Witwen, aber

noch mehr Waisenkinder, die Frauen machten 54 Prozent der Bevölkerung aus. 34 Prozent aller Haushalte werden zurzeit von Witwen geführt. Meine Mitschwestern in Kigali sahen das ganze Elend. Sr. Anne Katrien, eine Holländerin, die seit 1972 in Ruanda lebt, war damit einverstanden, das Solwodi-Projekt für Witwen und Waisen in Kigali, angebunden an die Pfarrei St. Famille, zu begleiten. So unterstützt Solwodi seit 1997 Witwen, die zu ihren eigenen Kindern noch Waisen aufgenommen haben. Vielen dieser Frauen wurde mit kleinen, Einkommen schaffenden Projekten geholfen. Am Anfang galt die Hilfe vor allem einzelnen Witwen. Inzwischen sind wir dazu übergegangen, die Frauen, die nahe beieinander wohnen, zu motivieren, sich in Gruppen zusammenzuschließen, um sich gegenseitig zu unterstützen. Es gibt elf solcher Gruppen und wir betreuen zurzeit 72 Witwen. Außerdem ermöglichen wir 130 Kindern den Schulbesuch.

Bei meinem Besuch in Ruanda im August 2004 war es mir sehr wichtig, den Witwen zu begegnen und sie zu Hause zu besuchen. So konnte ich an einem Tag mit einigen dieser Frauen in der Pfarrei St. Famille sprechen und sie anschließend am Nachmittag zu Hause oder in ihren Initiativen treffen. Unser Projekt hilft nicht nur den Frauen und ihren Familien, sondern stärkt die Position der Frauen und leistet so einen wichtigen Beitrag für die Gesellschaft.

Kindern den Schulbesuch und einen Schulabschluss zu ermöglichen, bedeutet, ihnen eine Chance zu geben, dass sie einen Beruf erlernen und ihren Lebensunterhalt selbst verdienen können. Für Waise oft die einzige Chance für die Zukunft.

Wir alle: die Gesellschaft, die Öffentlichkeit

Lea Ackermann, Barbara Koelges

In den vorangehenden Kapiteln ging es um verschiedene am Menschenhandel beteiligte Gruppen: die Frauen als Opfer, die Täter, die Kunden, Hilfsorganisationen wie zum Beispiel Solwodi, die sich um die Opfer kümmern und ihnen zu ihrem Recht verhelfen wollen. Doch welche Rolle spielt unsere Gesellschaft, welche Rolle spielen wir alle in diesem Geschäft mit der Ware Frau?

Welche Meinung haben wir uns gebildet? Welche Haltung nehmen wir gegenüber diesem Problem ein? Was tun wir gegen den Handel mit Frauen und Kindern – auf politischer Ebene, aber auch im alltäglichen Leben? Was kann jede und jeder von uns tun?

Frauenbild und Prostitution

Wenn es um das Thema »Menschenhandel und Zwangsprostitution« geht, stellt sich die Frage nach dem Menschenbild in unserer Gesellschaft – dem Frauenbild, aber auch ganz allgemein dem Bild vom Mitmenschen und der Haltung zum Mitmenschen.

Dass solche Schicksale, wie die hier im Buch beschriebenen, möglich sind, hängt unter anderem damit zusammen, dass in unserer Gesellschaft eine Konsumhaltung allem und jedem gegenüber eingenommen wird. Bei persönlichen Beziehungen, ja sogar bei Freundschaften, wird sehr schnell die Frage gestellt »Was bringt mir das?«, »Was bringe ich ein, was bringt mein Gegenüber ein?« Es wird auch im persönlichen Umgang mehr und mehr in Kriterien und Kategorien des Marktes gedacht. Ein extremes Beispiel für die Dominanz des Marktes ist die Prostitution: die Frau als Ware, die Frau als Sexobjekt – und extremer noch bei der Kinderprostitution: das Kind als Ware, das Kind als Sexobjekt.

Die Frauen und Kinder werden nicht als Menschen mit ihren Interessen und Persönlichkeitsrechten wahrgenommen, sondern als Konsumgut, daher auch der Anspruch, zur Zufriedenheit »bedient« zu werden, daher auch die Ignoranz der Freier, die es nicht interessiert, ob es der Frau, mit der sie gerade geschlafen haben, gut geht, ob sie das freiwillig macht oder ob sie in einer Zwangslage ist. Bei der Kinderprostitution wird das Recht des Kindes auf Entwicklung und unbeschwertes Leben total ignoriert.

Wenn sich grundsätzlich in diesem Bereich etwas ändern soll, muss die ganze Gesellschaft daran gehen, ihre Einstellung zum Menschen, ihr Menschenbild und Frauenbild zu hinterfragen.

Schon bei den Heranwachsenden ist das zu sehen. Wer gilt als Vorbild für Mädchen, als die Superfrau? Models, Popstars – die alle in irgendeiner Weise »ihre Haut zu Markte tragen«. Ohne in Prüderie zu verfallen, muss es möglich sein, diese Entwicklung in Frage zu stellen. Sicher war der Umgang mit Sexualität früher sehr verklemmt und moralisierend. Inzwischen sind wir jedoch ins andere Extrem verfallen. Sexualität und nackte Haut sind allgegenwärtig im Fernsehen, in der Werbung und der Öffentlichkeit. Prostitution wird als notwendig oder gar normal angesehen.

Prinzipiell steht hinter der Prostitution ein äußerst fragwürdiges Frauenbild, das die Frau zur Ware degradiert und als Sexobjekt herabwürdigt. Sie wird in den seltensten Fällen von den Frauen tatsächlich freiwillig ausgeübt. Wenn Prostitution, wie vielfach behauptet, freie Wahl ist, warum sind dann die meisten Prostituierten Frauen, die kaum eine andere Wahl haben?

Viele Prostituierte waren bereits vor ihrem Einstieg in die Prostitution Opfer von physischer und psychischer sexueller Gewalt. Kinder, die oft mit Worten abgewertet und beschimpft werden, können kein Selbstwertgefühl und Selbstvertrauen entwickeln. Prostitution untergräbt die Selbstachtung, denn jedes Mal negiert »frau« die eigene Persönlichkeit und das eigene Bedürfnis, das Gefühl, was wirklich zu ihrem Ich gehört und was nicht.

Die psychischen Folgen bleiben nicht aus. Die Mehrheit leidet unter dem so genannten Posttraumatischen Belastungssyndrom (Post Traumatic Stress Disorder Syndrom), einer psychischen Störung, die man auch von Vergewaltigungsopfern kennt und die sich auf verschiedene Weise äußern kann. Auch ist der Drogenkonsum unter Prostituierten sehr hoch. Dahinter steckt wohl das Bedürfnis zu vergessen und zu verdrängen und das eigene Leben nicht genau wahrnehmen zu wollen.

Im Jahr 2001 wurde in Deutschland durch die Änderung des § 180a StGB die Prostitution legalisiert. Nach dieser Reform gilt Prostitution nicht mehr als sittenwidrig, ihre Förderung ist nicht mehr strafbar.

Weggefallen ist nach der Gesetzesänderung auch der Straftatbestand der Förderung der Prostitution in der Form des Bereitstellens von besonderen Annehmlichkeiten. Auch Werbung für Prostitution ist nicht mehr strafbar. Strafbar bleiben jedoch weiterhin die Tatbestände Menschenhandel, Zuführung zur Prostitution von Frauen unter 21 Jahren, Ausbeutung und Zuhälterei.

Ziel des Gesetzes war es, den Frauen in der Prostitution mehr Rechte einzuräumen und zu ermöglichen, dass sie sich versichern, also Kranken- und Sozialversicherungen abschließen können. So sollte dem Dilemma Rechnung getragen werden, dass einerseits eine große Nachfrage nach käuflichem Sex existiert, andererseits diese Frauen kriminalisiert wurden und nur die Zuhälter und Händler davon profitierten. Die Frauen aber hatten das volle Risiko zu tragen. Sie machten sich strafbar, arbeiteten unversichert und konnten ihren Lohn nicht einklagen. Diesen Frauen sollte mit dem neuen Gesetz geholfen werden. Es wurde davon ausgegangen, dass sie aus freier Entscheidung der Prostitution nachgingen. Ihnen sollte die Möglichkeit gegeben werden, reguläre Arbeitsverträge abzuschließen. Es scheint jedoch so, dass dieses Gesetz an der Wirklichkeit des Lebens in der Prostitution vorbeigeht. So gibt es nach Auskunft der Gewerkschaft Verdi für Deutschland zurzeit weniger als fünf Arbeitsverträge mit Prostituierten. Von anderer Seite ist zu hören, dass es nur ein einziger ist.

Dagegen gibt es zahlreiche Frauen, die unfreiwillig in der Prostitution arbeiten oder die dazu gezwungen werden. Sie konnten zu Zeiten des alten Gesetzes, das Prostitution als sittenwidrig ansah und die Förderung der Prostitution verbot, leichter entdeckt werden. Einzelne Kriminalbeamte bestätigen die Befürchtung, dass die neue gesetzliche Regelung die Motivation zur Kontrolle in den Bordellen heruntergesetzt hat. »Wir haben doch genug zu tun, warum sollen wir dann noch in ein Bordell gehen, das nun ein Unternehmen wie jedes andere ist?«

Nach den Polizeigesetzen der einzelnen Länder ist es zwar weiterhin möglich, die Bordelle zu kontrollieren. Die Frage ist jedoch, ob dies für notwendig erachtet wird und in welchem Umfang dies geschieht. Solwodi hat immer darauf hingewiesen, dass das neue Gesetz für wenige legal arbeitende Prostituierte eine Verbesserung darstellen mag, aber für Frauen, die sich illegal in Deutschland aufhalten und die in der Zwangsprostitution gelandet sind, verschlimmert sich dadurch der Teufelskreis. Zur Aufdeckung von Menschenhandel sind die Razzien der Polizei unerlässlich. Menschenhandel ist ein reines Kontrolldelikt: Geht die Polizei nicht in die Bordelle oder auf den Straßenstrich, wird sie auch keinen Menschenhandel aufdecken. Obwohl die Opferzahlen stetig zunehmen, werden immer weniger von ihnen gefunden. So gab es zum Beispiel im Jahr 2004 in Rheinland-Pfalz eine einzige Razzia in einem Bordell und in anderen Bundesländern war es ähnlich.

Wegen der beschränkten Möglichkeiten der Kontrolle und auch wegen der hohen Kosten der Zeuginnenbetreuung werden viele Täter nicht wegen Menschenhandels, sondern nur wegen Schleusung angeklagt. Die Verfahren sind dann einfacher und kürzer und der Straftatbestand ist leichter und ohne Aussage der Zeugin im Prozess nachweisbar. Das bedeutet, dass keine aufwändige Zeuginnenvernehmung vor Gericht notwendig ist, nur eine vor der Polizei und eine vor dem Richter. Dann kann die Zeugin abgeschoben werden. Das Opfer aber bleibt auf der Strecke und die Menschenrechtsverletzung wird nicht beachtet und nicht geahndet. Wenn die Bordelle konzessioniert werden, die Prostituierten als EU-Ausländerinnen völlig legal der Prostitution nachgehen, weniger Kontrollen durchgeführt werden, welchen Ansatzpunkt gibt es dann noch für die Verfolgung der Täter? Es ist kaum anzunehmen, dass die Schleuser und Menschenhändler mit der Osterweiterung ihre Verdienstquellen aufgeben werden und die Opfer von Menschenhandel spontan zu freien Unternehmerinnen avancieren.

Die Erfahrung der zehn Beratungsstellen von Solwodi, die nun seit zwanzig Jahren Opfer von Menschenhandel betreuen, besagt, dass Menschenhandel hauptsächlich durch Razzien der Polizei entdeckt wird. Erhöhte Kontrolle im Milieu führt auch zu höheren Zahlen von Menschenhandelsfällen.

Die schwedische Gesetzgebung verfolgt einen im Vergleich zu Deutschland ganz anderen Ansatz. Seit 1999 wird dort die Nachfrage nach käuflichem Sex bestraft. Es machen sich also die Freier strafbar. Interessant an diesem Ansatz ist der Perspektivenwechsel: Nicht die Prostituierte wird als die Verführerin gesehen, durch die sich der Kunde zu Recht animiert und herausgefordert fühlt, sondern die Konsumhaltung der Kunden, der Anspruch auf Sex gegen Geld wird als strafbar gewertet. Diese Änderung hat auch zu einer Mentalitätsänderung in Schweden geführt. Die neue gesetzliche Regelung wird von 80 Prozent der Bevölkerung unterstützt.

Gesetz gegen Menschenhandel

Die Vorgabe des Rates der EU war, dass bis 1. August 2004 der Rahmenbeschluss zur Bekämpfung des Menschenhandels in nationales Recht umgesetzt werden sollte. Im Mai 2004 legte die Bundesregierung einen Gesetzentwurf für ein »Gesetz gegen Menschenhandel« vor, im Juni 2004 gab es ein erstes Hearing. Schon bei diesem Hearing kritisierten Experten den Entwurf als unzureichend und überarbeitungsbedürftig.

So sollte laut Entwurf das besondere Schutzalter für die Opfer von 21 auf 18 Jahre gesenkt werden. Man fragt sich, für wen das von Vorteil wäre, für die Frauen sicher nicht. Auch sollte bei der Zwangsprostitution die Förderung nicht strafbar sein, lediglich die direkte Ausbeutung. Täterschutz scheint das richtige Wort für diese Bestimmungen.

Ein weiterer wichtiger Kritikpunkt war die nicht vorgesehene Bestrafung der Freier, die die Zwangslage der Opfer von Menschenhandel missbrauchen. Man muss sich vor Augen führen, dass erst die Nachfrage den Markt schafft. Ohne den Bedarf der Kunden gäbe es keine Gewinnmöglichkeiten für die Täter und somit keinen Handel.

Die CDU/CSU-Fraktion hat einen Antrag zu diesem Gesetzentwurf eingebracht, der eine Bestrafung der Freier vorsieht, wenn sie zumindest damit gerechnet und billigend in Kauf genommen haben, dass sie sich die durch eine Straftat des Menschenhandels geschaffene Zwangslage des Opfers zu Nutze machen. Hierdurch soll eine Verringerung der Nachfrage erreicht werden. Auch würde eine Bestrafung der Kunden das Verantwortungsgefühl wecken und der Allgemeinheit die Problematik stärker ins Bewusstsein rufen. Im Europarat wird zurzeit ein Übereinkommen erarbeitet, das die Bestrafung der Freier dringend empfiehlt.

Ein Hauptargument gegen eine Bestrafung der Freier ist die Frage: Wie soll ein Freier unterscheiden können zwischen freiwilliger Arbeit in der Prostitution und Zwangsprostitution? Es besteht ein enger Kontakt zwischen Freier und Frau. Spricht die Frau kaum Deutsch, wirkt sie eingeschüchtert, hat sie Verletzungen, blaue Flecke, Brandmale? Tut sie alles, was der Kunde verlangt? Dies alles sind Hinweise auf eine Zwangslage.

Ein aufmerksamer Freier ist in der Lage, eine solche Zwangslage zu erkennen. Nicht zuletzt geben auch heute schon Freier der Polizei Hinweise oder stellen den Kontakt zwischen Frauenfachberatungsstelle und Zwangsprostituierter her.

Im November 2004 wurde durch ein Strafrechtsänderungsgesetz die neue Regelung verabschiedet. In einigen Punkten gibt es Verbesserungen. So ist nach § 232 StGB der Zwang zur Prostitution unter »Ausnutzung einer Zwangslage oder der Hilflosigkeit, die mit ihrem Aufenthalt in einem fremden Land verbunden ist« strafbar, d.h., dass auch deutsche Frauen von diesem Gesetz berücksichtigt werden. Der Grundtatbestand der Arbeitsausbeutung wurde eingeführt (§ 233 StGB), der besagt, dass der Zwang in »Sklaverei, Schuldknechtschaft oder Arbeitsbedingungen, die in einem auffälligen Missverhältnis zu den Arbeitsbedingungen anderer ArbeitnehmerInnen stehen«, strafbar ist. Der Vermögensvorteil des Täters, sei es bei der Zwangsprostitution oder der Zwangsarbeit, muss nicht nachgewiesen werden. Das besondere Schutzalter bleibt bei 21 Jahren und wird nicht, wie zunächst vorgesehen, auf 18 Jahre gesenkt. Das Gesetz hat aber auch Mängel. So wird die Zwangsheirat nach wie vor nicht als Menschenhandel gewertet und nicht bestraft. Auch die oben diskutierte Bestrafung der Freier wurde nicht aufgenommen.

Initiativen auf internationaler Ebene und innerhalb der EU

Das Zusammenwachsen der Länder unter dem Dach Europa ist schwieriger, als sich die Politiker anfänglich dachten. Europa ist stark in vielerlei Hinsicht, aber nur, wenn es auch Regeln und Gesetze gibt zur gemeinsamen Verbrechensbekämpfung. Verbrecher und gerade die Banden der Organisierten Kriminalität kennen keine Grenzen, die Strafverfolgung aber sehr wohl. Das sehen die Mitarbeiterinnen von Solwodi schon, wenn es nur um Ländergrenzen innerhalb der Bundesrepublik geht. Die Polizei steht unter der Länderhoheit des betreffenden Bundeslandes. Hat die Polizei eine Razzia in einem Bordell in Koblenz gemacht und eine Frau aufgegriffen, die von Solwodi betreut wird und in Bayern weit weg vom Tatort geschützt untergebracht werden könnte, so ist dies ohne gegenseitiges Einverständnis, Absprachen und Kostenübernahmeerklärung nicht möglich.

Weitaus schwieriger gestaltet sich die Zusammenarbeit über die Bundesgrenzen hinaus mit einem Nachbarland. Um das zu veranschaulichen, folgendes Beispiel:

In einer unserer Kontaktstellen rief abends die Polizei an und fragte, ob wir ein sechzehnjähriges Mädchen aus Nigeria aufnehmen könnten. Sie sei eine wichtige Zeugin. Einige Tage später, das Mädchen hatte sich gerade im Frauenhaus etwas eingelebt, teilte uns die Polizeidienststelle mit, das Mädchen könne sofort abgeschoben werden, denn der eigentliche Tatort sei Amsterdam und da könne die deutsche Polizei nichts unternehmen. Wir Mitarbeiterinnen von Solwodi waren sehr erstaunt, denn das Mädchen kam aus Nigeria auf Grund falscher Versprechungen nach London und von dort nach Amsterdam. In Amsterdam wurde sie in einem Bordell mit anderen Mädchen zur Prostitution gezwungen und psychisch und physisch gequält. Von Amsterdam aus wurde sie nach Deutschland gebracht. Dort konnte sie aus einem Bordell flüchten und wurde von einer Passantin, die sie auf der Straße ansprach, zur Polizei gebracht.

Wir riefen Europol an und baten, diesem Mädchen zu helfen. Wir wollten nicht, dass sie einfach abgeschoben wurde, ohne dass sie das Verbrechen, das an ihr begangen wurde, vor Gericht anprangern konnte. Die Mitarbeiter von Europol erklärten uns, sie hätten keinerlei Befugnis, tätig zu werden, sie könnten nur gegenseitig von Land zu Land über Vorkommnisse informieren. Danach wandten wir uns direkt an die holländische Polizei. Diese erklärte uns, dass sie nichts unternehmen könne, da das Opfer in Deutschland wäre. Sie könnten nur auf Grund eines Rechtshilfeersuchens eine Vernehmung durchführen, aber dazu hätten sie zu wenig Anhaltspunkte. Wir baten eine Bekannte, die Aussagen des Mädchens vor Ort zu prüfen und einen Bericht zu schreiben. Erst als wir diesen Bericht der holländischen Polizei zur Verfügung stellten, wurde sie aktiv. Nun wurde durch die holländische Polizei bestätigt, dass das Mädchen eine ganz wichtige Zeugin sei und unbedingt in Deutschland bleiben sollte, weil sie in Holland nicht sicher genug sei.

An diesem Beispiel wird deutlich, dass es wichtig ist, die Zusammenarbeit zwischen den einzelnen Ländern in Europa im Bereich Strafverfolgung von Menschenhandel zu verbessern. Die Gesetze und Rechtsvorschriften in Europa müssen aufeinander abgestimmt werden.

Auf europäischer Ebene wird der Handlungsbedarf in diesem Bereich erkannt. In den letzten beiden Jahren sind wichtige Beschlüsse verabschiedet worden. So zum Beispiel im Jahr 2002 der Rahmenbeschluss des Rates der EU zur Bekämpfung des Menschenhandels, der zur oben beschriebenen Strafrechtsänderung in Deutschland führte.

Weitere Beispiele der Zusammenarbeit auf internationaler Ebene finden sich im Bereich der Strafverfolgung, so etwa die Bemühungen im Rahmen der SECI und der Baltic Sea Task-Force. Die SECI, Southeast European Cooperative Initiative, wurde auf Initiative der USA im Jahre 1996 gegründet. Mitgliedsländer der SECI sind Albanien, Bosnien-Herzegowina, Bulgarien, Griechenland, Kroatien, Mazedonien, Moldawien, Rumänien, Slowenien, Ungarn und die Türkei. Ihr wichtigstes Ziel ist die regionale Stabilität durch ökonomische und umweltpolitische Zusammenarbeit und damit die marktwirtschaftliche Integration Südosteuropas. Aber auch die Verbesserung der Kooperation der Mitgliedsländer bei der Strafverfolgung gehört zu ihren Aufgaben. Für den Bereich Menschenhandel ist im Rahmen der SECI eine »Task-Force« gebildet worden.

Die »Baltic Sea Task-Force on Organized Crime« wurde ebenfalls 1996 gegründet. Ihr gehören die Länder Deutschland, Dänemark, Norwegen, Schweden, Finnland, Estland, Lettland, Litauen, Polen, die Russische Föderation und Island an. Ihr Ziel ist die verbesserte Bekämpfung der Organisierten Kriminalität im Ostseeraum. Im Jahre 2000 wurde eine »Arbeitsgruppe Menschenhandel« ins Leben gerufen, die den Informationsaustausch der Ermittlungsbehörden in den einzelnen Ländern und wirksame Bekämpfungsmethoden planen soll. Dieser Zusammenschluss ist besonders wichtig, da hier Ziel-, Transit- und Herkunftsländer des Menschenhandels zusammenarbeiten.

Leider haben alle diese Initiativen und Vorlagen bisher nicht dazu geführt, den Handel mit Frauen und Kindern in Europa zu beenden oder ihn auch nur einzudämmen. Die

Gründe hierfür sind sehr komplex. Ein Hauptgrund liegt in der Ursache des Menschenhandels: der Perspektivlosigkeit und Armut der Frauen in den Herkunftsländern. Hier müsste verstärkt angesetzt werden und hier ist unsere Außen- und Wirtschaftspolitik gefragt. Hilfsprogramme und Kooperationen mit Ländern Mittel- und Osteuropas sollten an Bedingungen geknüpft werden, die die wirtschaftliche, rechtliche und soziale Lage von Frauen in den Herkunftsländern verbessern helfen.

Ein weiteres Problem der Strafverfolgungsbehörden stellt die EU-Osterweiterung dar. Bei der Aufnahme der neuen Mitgliedsstaaten in die EU wurde nicht daran gedacht, wie trotz der Öffnung der Grenzen der Menschenhandel kontrolliert werden kann. Mit Lettland, Litauen und Polen sind Staaten der EU beigetreten, aus denen eine hohe Anzahl von Opfern und Tätern des Menschenhandels stammt.

Dadurch, dass sich die Frauen aus diesen Ländern nun völlig legal in Deutschland aufhalten, wird das Erkennen von Opfern des Menschenhandels bei Razzien erschwert.

Die interdisziplinäre Zusammenarbeit der vielen beteiligten Behörden wie zum Beispiel Ausländerbehörde, Sozialamt, Polizei, Europol, Interpol, Behörden im Heimatland der Frauen ist schwierig. Die verschiedenen involvierten Behörden verfolgen teilweise auch unterschiedliche, sich widersprechende Ziele.

Initiativen auf Bundesebene

Gerade an diesem Punkt, bei der interdisziplinären Zusammenarbeit, setzen die so genannten Kooperationskonzepte in Deutschland an.

Das bundesweite »Kooperationskonzept zwischen Fachberatungsstellen und Polizei für den Schutz von Opferzeuginnen von Menschenhandel« wurde erarbeitet von der Arbeitsgemeinschaft Frauenhandel beim Bundesministerium für Familie, Senioren, Frauen und Jugend, in der Vertreterinnen der Ministerien und der Fachberatungsstellen zusammenarbeiten. Vorbild für dieses Konzept war das in Rheinland-Pfalz unter Mitarbeit von Solwodi erarbeitete Kooperationskonzept.

Grundlage des Konzeptes ist das gemeinsame Verständnis, dass Opfer von Menschenhandel beschützt und betreut werden müssen und dass eine effektive Strafverfolgung der Täter am ehesten gewährleistet ist, wenn die Opferzeuginnen für die Dauer des Prozesses im Land bleiben und durch professionelle Beratung und Betreuung stabilisiert werden.

Im Kooperationskonzept wird die Aufgabenverteilung zwischen Polizei und Fachberatungsstellen beschrieben. Die Polizei sollte, sobald sie den Verdacht hat, dass Menschenhandel vorliegt, den Kontakt zu einer Fachberatungsstelle herstellen. Für die Erledigung der Formalitäten bei den zuständigen Behörden und Schutzmaßnahmen während des Prozesses ist sie zuständig. Die Fachberatungsstelle sorgt in Abstimmung mit der Polizei für die sichere Unterbringung, psychosoziale Betreuung und somit Stabilisierung der Opferzeuginnen. Sie stellt den Kontakt zu einer Rechtsanwältin her, die die Nebenklagevertretung übernimmt, und vermittelt Aus- und Fortbildungsangebote, medizinische Betreuung etc.

Das Kooperationskonzept beschreibt Kriterien für die Aufnahme der Opferzeugin in das Schutzprogramm: Opfereigenschaft/Zeugintenneneigenschaft, Unverzichtbarkeit der Aussage, Bestehen einer Gefahrenlage, Freiwilligkeit. Zuständig für die Aufnahme in das Schutzprogramm ist die Polizei in

Zusammenarbeit mit der Staatsanwaltschaft. Die Fachberatungsstelle sollte an dieser Entscheidung jedoch beteiligt werden.

Dieses Kooperationskonzept wurde als Empfehlung an die Länder gegeben. In vielen Bundesländern gab es daraufhin Bemühungen, für das jeweilige Bundesland ein spezifisches Kooperationskonzept zu erarbeiten, das auf dem bundesweiten Konzept beruhte. Die Konzepte wurden jedoch in den meisten Bundesländern nicht als rechtsverbindlich verabschiedet, da es unterschiedliche Auffassungen zur Finanzierung des Opferzeuginnenaufenthalts gab. Die Bundesarbeitsgemeinschaft hat eine »Handreichung für die Träger des Asylbewerberleistungsgesetzes und der Sozialhilfe bei der Bewilligung von Hilfeleistungen an Opfer von Menschenhandel« erarbeitet. In dieser wird empfohlen, den Aufgriffsort als tatsächlichen Aufenthaltsort zu sehen. D.h., dass das Sozialamt des Aufgriffsortes zuständiger Leistungsträger nach Asylbewerberleistungsgesetz bzw. Bundessozialhilfegesetz ist. Man kann nicht erwarten, dass der Ort, an dem die Opferzeugin aus Sicherheitsgründen untergebracht wird, für den Aufenthalt aufkommt. Diese Empfehlung wird von den zuständigen Stellen jedoch abgelehnt.

In der Praxis werden aber die übrigen Empfehlungen des Kooperationskonzepts angewandt.

Forderungen für Menschenhandelsopfer und Opferzeuginnen

Aufenthaltsrechtliche Aspekte

Eine einheitliche bundesweite Regelung bezüglich einer befristeten Aufenthaltserlaubnis für Opferzeuginnen sollte angestrebt werden. Das neue Aufenthaltsgesetz enthält nur die Möglichkeit, nach Ermessen über die Aufenthaltserlaubnis zu entscheiden. Allen Opferzeuginnen muss aber ein Anspruch auf die Aufenthaltserlaubnis zustehen. Nur wenn die Opfer des Menschenhandels nicht sofort abgeschoben werden, haben sie die Möglichkeit, als Zeuginnen auszusagen und zur Verurteilung der Täter beizutragen.

Für Opferzeuginnen besteht die Möglichkeit, eine kurzfristige Aufenthaltserlaubnis für die Dauer des Verfahrens zu erhalten. Die Aufenthaltserlaubnis ist nach Art. 8 der EU-»Richtlinie des Rates über die Erteilung kurzfristiger Aufenthaltstitel für Opfer der Beihilfe zur illegalen Einwanderung und des Menschenhandels, die mit den zuständigen Behörden kooperieren« vom 20. April 2004 zwingend zu erteilen, wenn folgende Voraussetzungen vorliegen:

- die Staatsanwaltschaft festgestellt hat, dass die Anwesenheit des Opfers für die weiteren Ermittlungen zweckmäßig ist;
- das Opfer seine Bereitschaft zur Kooperation mit den Ermittlungsbehörden erklärt hat;
- das Opfer die Beziehungen zu den Tätern vollständig abgebrochen hat;
- das Opfer keine Gefahr für die Sicherheit und Ordnung darstellt.

Die Aufenthaltserlaubnis wird in der Regel für sechs Monate ausgestellt und muss, wenn der Prozess länger dauert, verlängert werden, was einen enormen Zeit- und Kraftaufwand für alle Beteiligten – auch für die Behörden – mit sich bringt. Es bedarf dringend eines längerfristigen Aufenthaltstitels, möglichst bis zum Prozessende. Dies würde eine erhebliche Arbeitserleichterung für Polizei, Fachberatungsstellen, Ausländer-, Arbeits- und Sozialämter bedeuten und auch den Frauen, die als Zeuginnen in Menschenhandelsverfahren zur Verfügung stehen, bessere Perspektiven bieten. Nach wie vor ist es problematisch, dass die Einschätzung der Staatsanwaltschaft der allein maßgebliche Faktor bei der Vergabe einer Aufenthaltserlaubnis für Opferzeuginnen ist. Hier wäre ein Mitspracherecht der Fachberatungsstellen wichtig, um die Gefährdung der Frau im Heimatland und die psychische Befindlichkeit der Frau mit zu berücksichtigen.

Einige Frauen wollen nach dem Prozess in die Heimat zurückkehren. Andere streben aber eine Perspektive in Deutschland an oder befinden sich bei Prozessende in einer Ausbildung. Die Beratungsstellen beklagen sehr, dass die Möglichkeiten eines weiteren Aufenthaltstitels zum Beispiel zum Abschluss einer Ausbildung oder einer Therapie begrenzt sind und daher ihre Bemühungen um die Frauen nach dem Prozess ins Leere laufen. Oft ist ein weiterer Aufenthalt abhängig vom persönlichen Engagement der Zeugenschützer für die Zeugin oder auch von einem guten Verhältnis zwischen Beratungsstelle und der zuständigen Ausländerbehörde. Hier sollten großzügigere gesetzliche Regelungen geschaffen werden.

Finanzierung des Opferzeuginnenaufenthalts

Die Finanzierung des Aufenthaltes und Unterhaltes von Opferzeuginnen in Menschenhandelsprozessen gestaltet sich nach wie vor problematisch. Kostenträger der Leistungen zum Lebensunterhalt sind die Sozialämter. Das Problem der Polizei besteht häufig darin, eine Sozialbehörde zu finden, die sich nach dem Asylbewerberleistungsgesetz für zuständig erklärt. Die »Handreichung für Sozialämter« der Bundesarbeitsgruppe Frauenhandel, die die Zuständigkeit der Behörden des Aufgriffsortes empfiehlt, wird immer noch nicht als allgemein verbindlich anerkannt. Eine bundeseinheitliche Regelung der Kostenübernahme sollte daher angestrebt werden. Gerade bei länderübergreifenden Fällen, zum Beispiel wenn der Aufgriffsort der Frau in einem anderen Bundesland liegt als der Unterbringungsort während des Verfahrens, was aus Schutzgründen oder auch aus Kapazitätsgründen vorkommt, ist die Regelung der Finanzierung für die Fachberatungsstellen oft schwierig und unbefriedigend.

Die Regelungen der Finanzierung des Opferzeuginnenaufenthalts werden den in Art. 4 des UN-Zusatzprotokolls Menschenhandel zur OK-Konvention der UN genannten Anforderungen in einigen Teilen noch nicht gerecht. So werden die Kosten für die Opfer wie beschrieben überwiegend aus dem Asylbewerberleistungsgesetz finanziert. Dies reicht in der Regel nicht für eine umfassende medizinische und psychologische Betreuung, insbesondere bei traumatisierten Opfern. Die Fachberatungsstellen finanzieren diese zurzeit selbst, brauchen hierfür aber stärkere finanzielle Unterstützung. Die personelle und finanzielle Ausstattung der Fachberatungsstellen ist nach wie vor unzureichend, besonders im Hinblick auf die psychosoziale Beratung und Betreuung der Opfer.

Besondere Bundes- oder Länderfonds zur Finanzierung des Opferzeuginnenaufenthalts sind der Finanzierung über das Asylbewerberleistungsgesetz vorzuziehen. Damit würden auch die Unstimmigkeiten bezüglich der Zuständigkeit zwischen den betroffenen Kommunen und Trägern ein Ende finden.

Inzwischen hat Rheinland-Pfalz einen Schritt in die richtige Richtung vollzogen und für das Jahr 2004 einen Haushaltstitel von 100 000 Euro für die Finanzierung von Opferzeuginnen bereitgestellt. So wird die Arbeit der Polizeibehörden und Fachberatungsstellen vereinfacht und Rechtsklarheit geschaffen.

Arbeit und Ausbildung

Die in Artikel 4 des UN-Zusatzprotokolls ausgeführten Beschäftigungs-, Bildungs- und Ausbildungsmöglichkeiten für Opfer des Menschenhandels sind nur teilweise realisiert. Ein Anspruch auf die Erteilung einer Beschäftigungserlaubnis besteht für die Opfer von Menschenhandel, sobald die Aufenthaltserlaubnis erteilt ist. Die Frauen sind erfahrungsgemäß jedoch wegen ihrer kurzen Aufenthaltsberechtigung und fehlender beruflicher Qualifikation schwer zu vermitteln – gerade bei der derzeitigen angespannten Arbeitsmarktlage. Bildungs- und Ausbildungsmaßnahmen für die Frauen müssen in der Regel von den Beratungsstellen finanziert werden. Gerade diese Maßnahmen bilden eine wichtige Grundlage für verbesserte Zukunftsperspektiven für die Frauen nach dem Prozess.

Das Zentralkomitee der deutschen Katholiken hat in seiner Erklärung »Den Skandal von Menschenhandel und Zwangsprostitution bekämpfen« vom 20. November 2004 diese Forderungen unterstützt und mit der Bitte um Stellungnahme an alle betroffenen Ministerien geschickt.

Was kann jede und jeder Einzelne von uns tun?

Wenn die Arbeit gegen sexuelle Ausbeutung von Migrantinnen erfolgreich sein soll, wird das Engagement vieler Mitmenschen gebraucht. Jeder kann etwas tun:

Ein erster Schritt ist es, sich über das Thema Menschenhandel und Zwangsprostitution zu informieren und Hintergrundwissen zu erhalten, denn ein geschärftes Problembewusstsein kann Energie für Aktivitäten und Engagement freisetzen.

Hilfsorganisationen wie Solwodi suchen immer wieder ehrenamtliche MitarbeiterInnen und Menschen, die bereit sind, sich in Arbeitskreisen mit diesem Problem zu beschäftigen oder Kontaktstellen aufzubauen. Diese Arbeitskreise und Kontaktstellen, zum Beispiel die Kontaktstelle Solwodi Ostalb, sind »informierte Keimzellen«, die die Themen »Gewalt gegen ausländische Frauen« und »Menschenhandel« öffentlich machen und sich für die Verbesserung der Situation der betroffenen Frauen einsetzen, indem sie zum Beispiel Podiumsdiskussionen und andere Veranstaltungen zum Thema organisieren oder Unterschriftenaktionen durchführen. Sie arbeiten mit verschiedenen kirchlichen und gesellschaftlichen Frauenorganisationen zusammen und gerade in dieser Vernetzung liegt ihre Stärke.

Die Hilfsorganisationen sind auch dringend auf Spenden angewiesen, um ihre Arbeit fortsetzen zu können.

Wichtig ist aber auch, mit offenen Augen und Ohren durchs Leben zu gehen, nicht wegzusehen, wenn in der Nachbarschaft eine Frau offensichtlich geschlagen wird, kein Deutsch spricht, eine Notlage signalisiert. Dann sollte man versuchen, den Kontakt zu einer Hilfsorganisation für sie herzustellen. Solwodi bietet Flyer in den Muttersprachen der Frauen an, in denen die Arbeit von Solwodi und die Hilfs- und Beratungsmöglichkeiten kurz dargestellt werden.

Es kann auch sinnvoll sein, Zeitungen, die Anzeigen schalten, bei denen es relativ eindeutig um die Vermittlung ausländischer Frauen geht, auf das Problem aufmerksam zu machen und wenn die Zeitung ihre Praxis nicht ändert, das Abonnement zu kündigen.

Bei Wahlveranstaltungen sollte man Politiker auf ihre Haltung zum Problem Menschenhandel und Zwangsprostitution ansprechen und auch auf die Umsetzung der Versprechungen drängen, die im Wahlkampf gerne gemacht werden.

Es erfordert Mut, immer wieder den Mund aufzumachen, wenn frauenfeindliche oder ausländerfeindliche Stammtischparolen laut werden. Aber nur dadurch, dass man offen seine Meinung sagt und sich für die Belange der Migrantinnen einsetzt, gelingt vielleicht eine Mentalitätsänderung bei den Gesprächspartnern oder wird zumindest ein Denkprozess in Gang gesetzt. Durch Schweigen ändert sich nichts!

Dies ist unsere Vision:

Das Wissen über dieses Verbrechen mitten unter uns und die Empörung darüber werden zur treibenden Kraft für Veränderungen, damit eine Gesellschaft entsteht, in der Mann und Frau sich gegenseitig respektieren.

Anmerkungen

1 Siehe hierzu die Analyse von mehreren Dutzend Menschenhandelsprozessen in *Probleme der Strafverfolgung und des Zeuginnenschutzes in Menschenhandelsprozessen – eine Analyse von Gerichtsakten*, Boppard 2002. Die Autorinnen stellen fest, dass zwar die Mehrzahl der Täter in den ausgewerteten Verfahren noch Deutsche waren (41%), dass aber an zweiter Stelle bereits Täter aus Mittel- und Osteuropa folgen (25%). Die Analyse deckt sich darin mit dem »Lagebild Menschenhandel« des Bundeskriminalamts.

2 Die folgenden Zitate von Zuhältern, Ex-Zwangsprostituierten und Freiern sind deutsche oder ins Deutsche übersetzte wörtliche Passagen aus Interviews, die die Autorin mit den jeweiligen Personen geführt hat.

3 Wenn auch vielen Frauen hier noch nicht ganz klar ist, dass sie in der Prostitution landen werden oder wie schlimm es ihnen noch ergehen wird, hier beginnt oft schon die Schikane. Eine Rumänin berichtet von Psychoterror in einem der »Zwischenlager«: »Der Zwischenhändler hatte eine Frau, Kinder, einen Bruder. Sie lebten alle in demselben Haus, in dem wir warteten. Die Frau hat mich dann gerufen, ich sollte einen Riesenberg Intimwäsche der ganzen Familie waschen. Mit der Hand. Ich habe das gemacht, hab gedacht, vielleicht bekomme ich dann mehr zu essen. Und als ich die ganze Wäsche durchgewaschen und aufgehängt hatte, kam sie, hat die Wäsche einfach

abgenommen und sie wortlos in die Waschmaschine getan und noch mal gewaschen. Sie hat sich einfach lustig machen wollen. Später kamen dann die Kinder, die Jungs, und riefen: Ihr Nutten, kommt schon her, jetzt ist Terrasse putzen angesagt.«

4 Und nicht nur dort. Die bereits mehrfach zitierte Russin aus St. Petersburg, die nach Israel verkauft wurde, erinnert sich: »Hätte ich ausgesagt vor der Polizei, wäre es hier furchtbar für mich. Ich hatte Angst. Es war eine Atmosphäre der Unterdrückung da. In unserer Bar gab es nämlich einen Bodyguard, der in seiner Freizeit für die Polizei arbeitete. Und zwar als Chef, nicht als irgendein Untergebener. Also wäre alles sinnlos gewesen. Auszusagen, das hätte mir nur geschadet.«

5 Vgl. auch am Ende des Kapitels »Die Freier« die Aussagen von Jana im Kapitel »Teufelskreis und Freikauf aus der Sicht einer Zwangsprostituierten«.

6 Siehe hierzu die Analyse von mehreren Dutzend Menschenhandelsprozessen in *Probleme der Strafverfolgung und des Zeugnnenschutzes in Menschenhandelsprozessen – eine Analyse von Gerichtsakten*, Boppard 2002.

7 Man sollte sich im Übrigen auch überlegen, ob es wirklich »Sex« ist, den ein Mann sich bei einer Prostituierten kauft. Sex sollte eigentlich eine Sache sein, die beiden Beteiligten Freude macht. Aber es ist wohl eine Illusion zu denken, man könne diesen festzementierten Begriff noch ersetzen oder differenzieren, je nachdem, ob er mit Bezug auf ein Prostitutionsverhältnis oder auf einen Ehe-/Beziehungsalltag verwendet wird.

8 Entgegen dem Klischee sind Frauen aus ehemals kommunistischen Ländern eher konservativ in sexuellen Dingen, ja oft genug geradezu prüde: FKK-Strände gab und gibt es kaum und ihnen haftet bis heute meist ein perverser Ruf an. »Oben ohne« baden ist ein No-No und selbst unter Freundinnen zieht ein Mädchen höchst ungern bei Licht ihre Unterwäsche aus. Diese Prüderie steht im Gegensatz zu der äußeren Aufmachung. In Osteuropa Reisende werden oft schon die Erfahrung gemacht haben, dass Frauen sich dort ungleich »weiblicher«, oft provokanter kleiden: super-kurze Miniröcke, hohe Schuhe, ein Tages-Make-up, das man in Westeuropa als zu schrill, allenfalls

abendlich empfinden würde. Osteuropäerinnen und -europäer sind diese andere Ästhetik gewohnt und nehmen sie nicht als provozierend wahr. Tatsächlich klafft hier eine Lücke zwischen der äußeren Präsentation, die aber hierzulande oft deplatziert wirkt und entsprechend missverstanden wird, und der inneren Einstellung zu Erotik und Sex.

9 Freier »Freund« über einen Club gleich hinter der tschechischen Grenze. Die Zahlen in Klammern bedeuten eine Bewertung auf einer Skala von 1–10, wobei 10 die Höchststufe ist. CZ/UNG bedeutet Tschechin oder Ungarin; SLO/UNG entsprechend Slowakin oder Ungarin.

10 Vgl. dazu das Kapitel »Freier auf Friedensmission«.

11 Freier »King« bei Cheb/Tschechien: »Die Nummer ist immer die Gleiche: Du lädst eine Schwalbe in dein Auto, ab in den Wald und du bist kaum fertig mit der Nummer, schon sind die Bullen da und wollen 15.000 (!!!) Kronen Strafgeld (Verordnung der Stadt). Nach langen Diskussionen begnügen sie sich mit dem Inhalt deiner Geldbörse, aber ohne Quittung. Vor einem Jahr ist mir das selber passiert. Ich konnte einfach nicht widerstehen, war auch eine geile Nummer, aber hat 55 Euro extra gekostet. Die Bullen sind dann einfach mit der Kohle weg, mehr wollten die nicht. Früher haben dich vielleicht die Zuhälter überfallen, heute stecken alle unter einer Decke. Denn woher sollen die Bullen schon wissen, wo gerade was läuft?!«

12 »Prostitution ist ein großes Geschäft. Wenn sich da irgendwelche Streetworker-Spinner einmischen, werden sie in anderen Ländern erschossen. Dass hier alle noch am Leben sind, ist für mich ein Indiz dafür, dass die Szene sehr harmlos ist.« Freier »Brazil«

13 Der ganze erschütternde Bericht von Jana, den wir mit ihrem Einverständnis an die zuständige Staatsanwaltschaft weitergeleitet haben, findet sich am Ende dieses Kapitels.

14 Die Hilfsorganisation Medica Mondiale dokumentierte hunderte von Fällen. Das Traumazentrum Medica Zenica leistet vor Ort nachhaltige Hilfe für aus Kriegsräson vergewaltigte Frauen in Bosnien.

15 An dieser Stelle sei meinem Kollegen Ales Pickar gedankt, der unsere nichtkommerzielle Website www.ex-oriente-lux.org ins Leben gerufen hat und sie betreut. Hier sammeln wir Zeugenaussagen von Frauen, Freiern, Zuhältern. Die Anonymität des Internet hat es ermöglicht, mit den zitierten Freiern und mit Jana in Kontakt zu kommen. Es war für Ales Pickar und die Autorin nicht immer leicht, diese Kommunikation und ungefilterte Information mit dem gebotenen Respekt auszuhalten.
Janas Brief haben wir mit ihrem Einverständnis an die zuständige Staatsanwaltschaft weitergeleitet.

Literatur

Ackermann, Lea; Heine-Wiedemann, Dagmar: *Umfeld und Ausmaß des Menschenhandels mit ausländischen Mädchen und Frauen.* Unveränd. Nachdr. Stuttgart 1998 (Schriftenreihe des Bundesministeriums für Familie, Senioren, Frauen und Jugend ; Bd. 164)

Bade, Klaus J.: *Europa in Bewegung: Migration vom späten 18. Jahrhundert bis zur Gegenwart.* München 2000

Dern, Harald: *Menschenhandel, Gesellschaft und Polizei.* In: *Monatszs. f. Kriminologie und Strafrechtsreform.* H. 6, 1991, S. 329–338

Fassmann, Heinz u.a. (Hrsg.): *Ost-West-Wanderung in Europa.* Wien 2000

Feher, Lenke: *Frauenhandel.* Wien 1996 (SWA-Studienarbeit; 111)

Die Frauen der Welt 2000: Trends und Statistiken. Hrsg.: Vereinte Nationen. New York 2000 (Sozialstatistiken und Indikatoren; Serie K, Nr. 16)

Frauenhandel und Prostitutionstourismus. Eine Bestandsaufnahme zu Prostitutionstourismus, Heiratsvermittlung und Menschenhandel mit ausländischen Mädchen und Frauen. Hrsg.: agisra (Arbeitsgemeinschaft gegen internationale und rassistische Ausbeutung). München 1990

Frauenhandel in Deutschland: Frauenprojekte in Deutschland zur Problematik Frauenhandel: eine Dokumentation. Hrsg.: KOK. Berlin o. Jahr

Grenzüberschreitendes Verbrechen – grenzüberschreitende Zusammenarbeit: Schutz, Beratung und Betreuung von Gewalt- und Menschenhandelsopfern – ein Handbuch für die Praxis. Boppard: Solwodi e.V. , 2003

Hummel, Diana: *Frauenhandel und Europa 1993*. In: Elke Biester u.a. (Hrsg.): *Das unsichtbare Geschlecht der Europa*. Stuttgart 1994, S. 128–140

Kartusch, Angelika; Knaus, Katharina; Reiter, Gabriele: *Bekämpfung des Frauenhandels nach internationalem und österreichischem Recht*. Wien 2000

Koelges, Barbara; Thoma, Birgit; Welter-Kaschub, Gabriele: *Probleme der Strafverfolgung und des Zeuginnenschutzes in Menschenhandelsprozessen – eine Analyse von Gerichtsakten*. Boppard: Solwodi e.V., 2002

Lagebild Menschenhandel 2003. Hrsg. vom Bundeskriminalamt. Wiesbaden 2004

Launer, Ekkehard (Hrsg.): *Frauenhandel. Via Air Male*. Göttingen 1991

Niesner, Elvira; Jones-Pauly, Christina: *Frauenhandel in Europa: Strafverfolgung und Opferschutz im europäischen Vergleich*. Bielefeld 2001

Niesner, Elvira u.a.: *Ein Traum vom besseren Leben: Migrantinnenerfahrungen, soziale Unterstützung und neue Strategien gegen Frauenhandel*. Opladen 1997

Renschler, Regula u.a.: *Ware Liebe. Sextourismus, Prostitution, Frauenhandel*. Wuppertal 1987

Riecker, Joachim: *Ware Lust. Wirtschaftsfaktor Prostitution*. Frankfurt/Main 1995

Schöttes, Martina; Treibel, Annette: *Frauen – Flucht – Migration. Wanderungsmotive von Frauen und Aufnahmesituation in Deutschland*. In: Pries, Ludger (Hrsg.): *Transnationale Migration*. Baden-Baden 1997 (Soziale Welt; Sonderbd. 12), S. 85–117

Seager, Joni: *Der Fischer Frauen-Atlas: Daten, Fakten, Informationen*. Frankfurt a.M. 1998

Sieber, Ulrich: *Logistik der organisierten Kriminalität*. Wiesbaden 1993

Solidarität mit Frauen in Not. 20 Jahre Solwodi e.V. Ein Text- und Lesebuch. Hrsg. von Sr. Lea Ackermann und Reiner Engelmann. Bad Honnef 2005

Solwodi e.V. Jahresbericht. Boppard. 1997–2003

Solwodi e.V. Rundbrief. Boppard. 1997–2004

Topan, Angelina: *Transformationsprozess in Osteuropa und organisierte Kriminalität am Beispiel des Frauen- und Mädchenhandels: Lösungsvorschläge der Ökonomischen Theorie der Kriminalität und praktische Lösungswege der EU*. Hamburg 2000

Die Autorinnen

Sr. Dr. Lea Ackermann

Geboren 1937 in Völklingen, 1960 Eintritt in den Orden »Unserer lieben Frau von Afrika«, 1967-1972 Lehrerin in Ruanda, 1977-1982 Studium der Pädagogik, Psychologie und Theologie, Promotion, bis 1985 Bildungsreferentin bei Missio, 1985-1988 Lehrerin in Kenia, Gründung von Solwodi/Kenia mit heute vier Beratungsstellen, 1988-2004 Gründung von zehn Solwodi-Kontaktstellen mit angegliederten Frauenschutzwohnungen in Deutschland, zahlreiche Fernsehauftritte und Veröffentlichungen. Sr. Lea erhielt zahlreiche Auszeichnungen, u.a. 1996 das Bundesverdienstkreuz. 1998 wurde sie »Frau Europas«.

Inge Bell

Geboren 1967 in Kronstadt (Rumänien). Studium der Slawistik und Geschichte Ost- und Südosteuropas in München und London. Seit 1996 freie TV- und Radio-Journalistin für ARD und ZDF. Themenschwerpunkte: Politische, soziale und wirtschaftliche Entwicklung in Ost- und Südosteuropa. Seit 2000 Spezialisierung auf Organisierte Kriminalität und Menschenhandel. Damals deckte sie im ARD-Weltspiegel den Skandal um deutsche KFOR-Soldaten auf dem Babystrich in Mazedonien/Kosovo auf.

Dr. Barbara Koelges

Geboren 1964 in Oberwesel. Sozialwissenschaftlerin und wissenschaftliche Bibliothekarin. Arbeitsschwerpunkte: Organisierte Interessen, Verbändeforschung, Frauenforschung, Migrationsforschung. Fachreferentin für Wirtschaftswissenschaften, Soziologie, Psychologie, Sprach- und Literaturwissenschaften am Landesbibliothekszentrum, Rheinische Landesbibliothek Koblenz. Wissenschaftliche Mitarbeiterin bei Solwodi e.V.

Solwodi-Beratungs-stellen

Rheinland-Pfalz

56154 Boppard
Propsteistraße 2
Tel.: 06741-2232
Fax: 06741-2310
Homepage: www.solwodi.de
E-Mail: Solwodi@t-online.de

55027 Mainz
Postfach 3741
Tel.: 06131-678069
Fax: 06131-613470
E-Mail: Solwodi.mz@t-online.de

56014 Koblenz
Postfach 201446
Tel.: 0261-33719
Fax: 0261-12705
E-Mail: Solwodi-koblenz@t-online.de

67012 Ludwigshafen
Postfach 211242
Tel.: 0621-5291277
Fax: 0621-5292038
E-Mail: solwodilu@aol.com

Rückkehrhilfe	55027 Mainz
	Postfach 3741
	Tel.: 06131-670795
	Fax: 06131-613470
	E-Mail: Solwodi.mz@t-online.de
Nordrhein-Westfalen	47011 Duisburg
	Postfach 101150
	Tel.: 0203-663150
	Fax: 0203-663151
	E-Mail: Solwodi-Duisburg@t-online.de
Bayern	97688 Bad Kissingen
	Seehof 1
	Tel.: 0971-802759
	Fax: 0971-802756
	E-Mail: Solwodi-@yahoo.de
	Passau
	Tel.: 0851-9666450
	oder 0851-4904184
	E-Mail: Solwodi-Passau@t-online.de
	86043 Augsburg
	Postfach 111829
	Tel.: 0821-3290952
	Fax: 0821-510769
	E-Mail: Solwodi@skf-augsburg.de
Niedersachsen	38100 Braunschweig
	Stephanstr. 1
	Tel.: 0531-4738112
	Fax: 0531-4738113
	E-Mail: Solwodi-BS@gmx.net
	49027 Osnabrück
	Postfach 3703
	Tel.: 0541-5281909
	Fax: 0541-5281910
	E-Mail: Solwodi.OS@t-online.de
Kontaktstellen	Ostalb/Aalen und Schwäbisch-Gmünd
	Tel.: 07171-32231